第一次就成交

赢得大客户的策略销售方法

付东升◎著

复杂销售项目的落单操控既是科学也是艺术。

企业可能在采购之初就已有了“内定”的供应商，而企业采购往往是多人决策，有多种产品可选，历时较长，流程复杂，还有隐藏的因素干扰，可控度低，稍有不慎，就会前功尽弃。如何高效签单，实现双赢？

如果完全依靠销售经理的个人能力，随机应变地处理各种销售问题，而没有针对性地制定行动规划或策略方法，可想而知，这种情况下的效率及销售成功率是难以保证的。

普通销售经理与销售高手最大的区别是什么？采购事务相关从业者是如何完成一次企业采购的？

本书作者基于销售的项目实践、心理学相关理论和变革理论，基于在知名上市公司多年的实践经验，通过不断验证和优化，总结归纳出高效实用的赢单方法。

本书审视了企业的采购过程，从商业活动的本质出发，以最终成果为导向，通过5个常规性销售策略和支持销售策略的“7种武器”，以及竞争性策略的分析，总结了赢得大客户的策略销售方法。同时，作者对成功和失败的案例进行了别开生面的深度分析和阐述，让销售新手不再困惑于行动选择，让销售管理者不再为不可控因素而烦恼，让企业的采购管理者不再担心做出错误的采购决策。同时，本书对企业的采购管理者也有成功采购的支持作用。

图书在版编目（CIP）数据

第一次就成交：赢得大客户的策略销售方法 / 付东升著. —
北京：机械工业出版社，2023.4
ISBN 978-7-111-72677-7

Ⅰ. ①第…　Ⅱ. ①付…　Ⅲ. ①销售－方法　Ⅳ. ①F713.3

中国国家版本馆CIP数据核字（2023）第030653号

机械工业出版社（北京市百万庄大街22号　邮政编码100037）
策划编辑：蔡欣欣　　　　责任编辑：蔡欣欣
责任校对：李小宝　李　杉　　　责任印制：单爱军
河北鑫兆源印刷有限公司印刷

2023年5月第1版第1次印刷
169mm×239mm・12印张・162千字
标准书号：ISBN 978-7-111-72677-7
定价：69.00元

电话服务
客服电话：010-88361066
　　　　　010-88379833
　　　　　010-68326294

网络服务
机　工　官　网：www.cmpbook.com
机　工　官　博：weibo.com/cmp1952
金　　书　　网：www.golden-book.com
机工教育服务网：www.cmpedu.com

推荐序

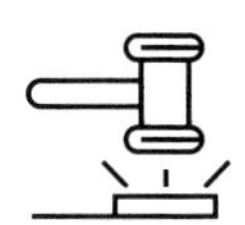

东升终于要出书了，在由衷地为他感到高兴的同时，我要兑现我的承诺：给他的新书写推荐序。记得10年前，东升任用友大学营销顾问学院院长的时候，给某省区讲授关于销售策略的课程。有一次，他发现学生的学习兴致不高，索性把课堂改为学生实操销售项目的诊断。学生们逐个分享他们在销售项目上遭遇的挑战，他与学生们一起运用课程知识分析他们的项目、解决实际问题。一天下来，他把原本想讲的知识都融到实际项目诊断中了，学生们也亲身体验到运用知识解决实际问题的神奇效果。回来后，他轻描淡写地跟我说："不过是玩了一个游戏，以学员的真实项目为抓手，换了一种方式和顺序把我想讲的知识讲完了。"我当时就说："这可不是一般老师所具备的能力，只有真正融会贯通的专家才有胆量放下自己的讲义，转而与学生一起直面真实的问题；也只有真正上下打通的专家才愿意俯下身来帮学生把知识转化成能力。"

那时候我就知道东升对销售知识的运用达到了炉火纯青的程度。我当时就鼓励他把自己的实战经验和教学经验总结成书，并承诺一定为他的书写推荐序。10年后我终于收到他的书稿，迫不及待地看完了，果然他又功力大增，写出了一本不可多得的好书。

首先，这本书介绍的是供需双方合作的销售方法，而大多销售书籍都在介绍销售流程或销售技巧。东升有多年的技术工作和业务管理经验，又在用友集团从事专业人员能力提升工作近10年，他在通过培训提升专业人员的能力方面做了许多探索和研究，并引入了许多优秀的理论观点，例如，以终为始的商机识别、时间线、找出前行的小目标、椅子和椅子上的人、倒Y形采购角色的识别、ABC理论、销售项目435分析模型、5个常规性销售策略和支持销售策略的“7种武器”等。这些工具和理论方法在项目销售中被反复运用、复盘、重新提炼、再应用。这是一本承前启后的、以全新视角去审视企业销售的策略分析方法和工具的书，也是企业销售人员甚至是企业采购人员的必备之书。如果说策略销售是“道”的话，销售策略就是“法”，执行就要靠技巧，即“术”。从“道”到“法”再到“术”，成功的销售人员所需要的高效的方法工具，正是这本书介绍的主要内容。

其次，这本书源自大量实战销售案例的经验萃取，涉及上千个企业销售实例，这些案例时间跨度长达15年之久（东升入职已有近20年），最后呈现给读者的是成功的销售方法，提供了一个让企业销售人员在复杂销售中提高成功率的有效武器。销售既是科学也是艺术，在成功案例中积累有效的方法，能让未来的销售工作更有效果。实际上销售工作尤其是项目销售是非常有挑战性的，在实际项目中验证方法，通过对项目的过程行为跟踪和结果分析，找出效率和成功率都比较高的优秀销售人员的行为和工作方式，将有效的方法和工具抽象出来，这不仅仅是销售管理者所希望的，也是销售人员所希望的。起初，我并不确定这本书里讲的方法对读者是否有较大的价值，原因是，一方面，市面上现有的理论和方法已经很丰富了，另一方面，我不确定这些成功的方法可以复用。是销售项目的数据给了我信心。在培训过程中，这些方法已经被传授给几千名销售人员，并不断被优化迭代，以求在实际项目中更好地帮助销售人员。本书除了介绍销售的策略分析方法，特别可贵的是还提供了分析表和行动指南，相信这些支持了几千人的销售方法也会给你带来同样的帮助。

书中第七章的5个常规性销售策略让我很惊喜，其中的常规性销售策略图清晰地描述了项目的销售分析思路，将常规操作用图来表达，能让销售人员更好地理解并应用，还大大降低了学习的难度。常规性销售策略图以采购的进度为时间轴，以信息为基础，将实际进程划分为阶段，对需求和关系分别进行分析，判断项目的竞争态势。“7种武器”实际是我们一直在使用的，几乎每个项目在执行过程中都出现过某种“武器”的影子。将事情做正确是质量和效率的综合成果，用什么样的方式处理问题是仁者见仁、智者见智的，不过，结果却是可以客观衡量的，以终为始的方式会让我们选择正确的方法去处理问题。所以，重要的不是有没有用“武器”，而是你应该如何选择出正确的、适用的“武器”来达到理想的效果。

书中抽丝剥茧地解析了销售中的人和事。人的行为是变化的、复杂的、受环境影响的。对同样的事，不同的人会有不同的看法，将阿尔伯特·艾利斯的ABC理论融入销售方法中是个非常好的选择。通过“椅子和椅子上的人”来理解职责的问题和人的需求是非常有效的，黑曼也曾提出从企业需求和个人需求两方面来理解人的决策依据，这是了解采购方重要决策者的重要内容。不被前人的理论方法所局限，能集思广益并拓展优化，结合实践经验进行研究，这是我在用友大学做校长时一直提倡的，很高兴这个想法被落地执行。理想的商业合作是相互成就的、共赢的。希望所有的销售方和采购方都能通力合作，让采购方获得满意的产品，让销售方得到理想的收益。

这本书凝聚了东升老师多年的销售经验和智慧，就像饱经沧桑的智者对同行后学的耳语，语重心长，娓娓道来，需要读者用自己的经验和实战问题去消化，哪怕从中领悟到点滴智慧都可能让自己在销售实战中少走很多弯路。开卷有益，发展提升无止境，相信销售人员和采购人员都能在本书中找到所需的价值点。

田俊国
北京易明管理咨询公司创始人
用友网络原副总裁兼用友大学校长

前言

赢单：未战而庙算胜者，得算多也

我国历史上著名的军事家孙武在《孙子兵法·计篇》中写道："夫未战而庙算胜者，得算多也；未战而庙算不胜者，得算少也。多算胜，少算不胜，而况于无算乎！"意思是如果在战争开始之前，就已经对全局进行了统筹规划，考虑了双方的优势利弊，在进行了各种假设的情景演化分析后，制订了有针对性的、详细的作战计划或战术安排，那么，在开战之后往往会取得胜利。如果在对各种假设的情景进行了演化分析后，最终得出的是失败的结论，那么，结果往往会以失败收场。

提起我国乒乓球史上的著名人物，很多人首先会想到张怡宁，她是奥运会历史上第一位卫冕双冠的选手。这是一个没有被规则束缚的女孩，从个人的单项体育运动能力来说，纵观整个乒乓球历史，也只有少数几个人能与张怡宁相提并论。张怡宁也被球迷戏称为"大魔王"，巅峰时期的张怡宁，几乎没有输过一场比赛。

张怡宁的面部神情几乎不会受到环境的影响。在参加比赛的时候，她总是面无表情。这实际上是她非常强大的一个地方——心理素质过硬。在一次采访中，她曾经说过："在比赛前，有的对手，只要和她一握手，我就知道，她已经输了，我赢了。”这种听起来很霸气的话，事实上是有理论依据的，在比赛开始之前，参赛的双方运动员通常都会握手，如果一方坚定地用力握住对方的手，会带给对方压迫感；如果对方心理素质一般，就会产生紧张感，有的人还会手心出汗。而人们在紧张的状态下很难发挥出应有的水平。

从孙子的“多算胜，少算不胜”到张怡宁的“面无表情”，可以看出在竞争场景中谋略智慧是何等重要。无论是国与国之间的战争，还是企业和企业之间的商业竞争，都是一样的。在竞争中，竞争者总会遇到各种各样的问题，在处理问题时，考虑的情况越全面，分析越缜密，结果就会越理想。如果没有进行事前的详细分析和规划，没有充分地考虑各种因素的影响，就莽撞地实施操作，当然就无法保证成功。

在领导力提升的研究中，有不少人都将这种事前谋划加入了具体的工作安排管理过程，以提高管理水平。例如，一个成功的管理者能获得高效执行效果的管理方式，是因为在安排任务的时候提前分析实施中的误差可能性，规划解决方案，其中典型的方法是将任务的安排分成五个步骤来实施，以保证下达的任务能被下级充分理解并执行。

第一步，管理者会对需要下级处理的任务进行详细说明，包括目标及成果要求。

第二步，管理者会让下级重复自己的任务说明，包括目标及成果要求，来验证下级是否正确理解。

第三步，管理者会要求下级对计划如何完成任务进行简单描述。

第四步，管理者会询问下级，如果出现了意外情况，导致无法按照计划进行，他准备如何处理。

第五步，管理者会询问下级，在执行任务的过程中出现哪种类型的问题他会自己来处理，哪种类型的问题他需要和管理者进行沟通确认，以便做出最好的选择。

从上面五个步骤的任务安排中，我们可以看到这种方式在安排任务时就已经进行了详细的情景分析，在任务还没有被执行时，就已经考虑了任务执行过程中可能会遇到的各种情况以及理想的应对方法，对执行任务过程中有可能出现的风险做出了分析规划，以便于执行者能够用理想的方式完成任务，得到期望的结果。

这种任务的安排方式也是策略的一种应用。如何根据不同的情景设计规划出有战略性和全局性的策略呢？要解决这个问题，需要先考虑如何制定出执行任务的策略方法。

在面向企业的销售中，如果完全依靠销售经理的随机应变，让销售经理依据个人的自然反应去处理所遇到的各种问题，而事前不做详细的分析规划，没有制定有针对性的策略，可想而知，在这种情况下，销售经理的销售行为的有效性是没有办法保证的。

作为一名销售经理，将销售项目的成功寄托于随机产生的想法，是不专业的。专业的销售经理应该在对客户进行拜访之前，就已经详细地分析了当下项目的采购信息、竞争的态势、所有采购干系人（包括企业采购项目的审批者，即决策人；能影响审批者如何选择和判断的人，即影响者）对当前采购项目的看法和利益诉求，识别销售过程中可能遇到的各种阻碍，基于这些信息和采购干系人的角色利益和个人利益，事前进行分析识别，依据当下的情况和销售期望的目标，做出各种假设性的预判，并找出应对策略，达成阶段性的销售目标，最终实现终极目标——获得采购订单。

目录

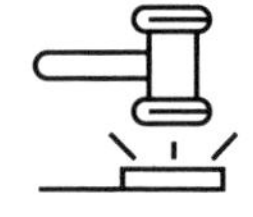

第一次就成交
赢得大客户的策略销售方法

第一章 销售高手靠什么赢单

在以企业采购为销售目标的 To B（To Business）销售竞争中，销售高手是靠什么来赢得订单的呢？在复杂多变的 To B 销售情景中，能够赢得最后胜利、成功签约（签订订单）的销售高手，他们靠的是运气？是勤奋？是良好的关系？是专业的能力？我认为，那些销售高手靠的是专业的能力和良好的客户关系。

在和客户的销售沟通中，你是不是主要以推销产品为目的呢？你与客户沟通的内容是不是以介绍产品的功能为主呢？如果你回答“是”的话，那就是使用了多数普通销售经理的推销方法。

在与客户的销售沟通中，普通销售经理常常急于表达自己的想法，总是询问对方的现状，然后介绍产品的价值，推销产品，说服客户购买。而有些未经培训就可以创造很好销售业绩的天生销售高手（Top Sales）却不是这样做的，他们会找出一些与销售目标相关的问题去询问对方，通过销售目标对这些问题的反馈来探索对方的现状以及对现状的看法，以此找出销售目标关注的问题，引导对方购买自己的产品。

与普通销售经理不同，销售高手更关注的是：

- 我能够给客户带来的那个有价值的愿景是什么？
- 为什么实现那个愿景对客户很重要？
- 需要通过什么样的解决方案来实现那个愿景？

普通销售经理会强调拉关系，会想办法同客户方与产品使用相关的管理人员建立友好关系，希望对方能够因此购买产品。而天生的销售高手会找出客户方的关键采购决策者，同他们交流采购愿景及解决方案。

销售高手更关注一些场景下的产品应用，会询问对方，在目前的（企业经营管理）环境中，有哪些需要解决的问题，有什么需要实现的目标，会面临哪些可能出现的风险，以及自己的产品、服务或解决方案是如何应对这些问题的。

销售高手和客户建立的销售目标往往是三类内容：实现什么，解决什么，规避什么。

普通的销售经理和天生的销售高手在时间管理上也有区别。普通的销售经理是与销售相关的任何事情都做，任何机会都不想放弃，会因无法识别出哪些事情有助于促成销售成交，哪些事情并不会有实际的促进作用而忙碌奔波，疲于应付各种事件，包括客户的要求、团队的安排以及销售推进过程中发现的一些问题。

而天生的销售高手有自己明确的销售目标，他们知道什么时候跟进销售项目更好，什么时候应该转身离开。时间管理对销售经理而言非常重要，销售经理需要知道什么时候应该锲而不舍地开拓客户资源，用专业和诚信去打动客户。

通过对普通的销售经理和天生的销售高手进行销售行为分析，我们可以找到一套有效的销售方法，将高效销售方法萃取出来，传递给所有的销售经理，让大家能熟悉并掌握这个方法，进而赢得订单。

统一的沟通交流语言

从组织方面思考，那些销售高手的成功是依靠个人的能力还是靠集体的力量？我这些年通过与一些销售高手交流，对销售成功的项目进行复盘的结论分析得知，确实有些项目的过程要素对签单影响较大。从成交项目的数据分析看，一个大项目能够签下来，基本上都不是销售经理一个人能做到的，而是借助了团队的力量、集体的智慧，包括企业的平台资源、双方高层领导的交流、“指导者”（第六章第二节中说明了什么是“指导者”）的支持，可能还有一些商业合作伙伴的协作。

在一个企业采购项目的销售过程中，销售经理需要阶段性地对项目情况进行分析，以便有效制定下一步的行动方案。这时候除了他自己的经验外，还需要其他销售经理、业务专家及上级主管的一些建议。销售经理如何才能和其他相关人员快速讲清楚当前项目的情况呢？这需要解决沟通效率问题。快速有效的沟通方法是什么样的？怎样才能把事情说清楚，让对方正确理解而不会偏离事实？比较有效的方法是：统一沟通交流的语言，使用相同的交流方式，用相同的术语说明情况，这样说的人能够清晰地表达自己要传递的信息，听的人也能够准确地理解对方的意思，实现快速、有效的沟通。

在销售经理和团队成员进行销售项目沟通的时候，例如，在阶段性的销售管理过程中，过“项目漏斗”（一个重要的销售管理模型，通过直观的漏斗图形，分析目标客户资源从潜在客户阶段，发展到意向客户阶段、谈判阶段和成交阶段的比例关系，或者说是转换率。根据销售漏斗阶段的项目数据变化分析销售情况，让销售经理以及管理者掌握销售数据）的时候，会有这样的一个场景：

销售管理者问销售经理：“你的那个项目现在进展得怎么样了？”

销售经理回答道：“挺好的，现在已经立项了。”

这是典型的问题对话，这样的对话可能会导致双方对项目的理解有所不同，问题在于：销售经理所说的立项指的是什么？这时候如果对话的双方没有就描述中所涉及的“立项”做概念约定，就会出现这样的情况：说的人以为说清楚了，对方听到了，也认为对方听懂了，可实际上是没说清楚，对方也没听懂，双方并没有真正达成共识，双方的理解不一致。那么这里所说的“立项”，到底是指什么阶段？如何划分？也许销售经理想表达的意思同销售管理者理解的意思并不相同，双方对交流的信息内容理解上并不一致。

我们需要规避这种情况。就像网上有这样一句话：“不要以为你以为的是你以为的那样。”

销售经理要准确地识别出销售项目的真实情况，并能以约定的沟通语言进行描述。例如针对立项，可以将其定义为销售过程中对客户采购项目的采购实施阶段的描述，是销售项目的里程碑事件，需要准确界定这个立项阶段的具体情况。对这个立项阶段的描述约定好验证标准，是客户召开了决定要实施这个项目的会议，还是客户发布了公文，进行了招投标的公告，还是客户指定了一个采购负责人，或成立了一个项目工作组。总之，要清楚地对立项进行定义，以保证在内部沟通中，大家可以根据这个标准来识别客户的采购阶段是否处在立项阶段。有了统一的标准，在沟通时就不会有问题了。

有时我们并不知道自己听到的项目信息并不是客观事实，而是描述者的讲述，其中包含了他的感觉和看法。直到跟进的销售项目丢单了，我们才会发现原来项目的情况并不是他所说的那样，原来我们一直依靠的是销售经理的个人感知和看法来对项目进行分析，而不是依据真实的客观情况进行分析，确定销售行动的。所以，销售团队需要用统一的沟通交流语言来交流项目情况，这是非常重要的。

结构化地收集有效信息

有些销售管理者和下属的沟通（例如，过“项目漏斗”时，让销售经理汇报项目情况）仅仅是为了了解销售项目的信息。就算这些信息并不会被管理者真正使用，可是他依然会要求下属提供这些信息，否则就认为销售经理并没有真正了解这个项目的情况和客户的想法，没有将销售工作做到位。可即使销售经理提供了这些项目信息，销售管理者掌握了这些信息，也并不会对赢单有促进作用，只会带来销售时间成本上的增加。

如果销售管理者只是期望获得项目信息而进行所谓的销售管理，而不能给销售经理提供一些有价值的反馈和帮助，做销售管理者应该承担的辅导和支持工作，这时候这种管理要求对销售经理来说就是一种负担。销售经理和销售管理者的这种沟通和交流并不会对项目的成交促进产生多大的价值，反而给销售经理的销售时间造成了损耗。

那么销售经理需要的是什么？他们需要的是：

- 这个项目现在的竞争形势怎么样？
- 我应该重点考虑哪方面的事情？
- 我还需要了解哪些有助于达成销售的客户信息？
- 如何才能够推动这个项目更好地往前走，增加签单的概率呢？
- 销售推进被卡住的时候，应该如何进行销售策略规划呢？
- 有一些销售想法的时候，该怎样来优化和验证这些想法呢？

有的时候，我们自认为了解了、看清了客户采购项目的实际情况，而实际上这只是客户的采购决策者希望我们看到的、了解的情况，并非真实的情况。真正有效的赢单思路是不轻易做出销售判断，要三思而后行，多次验证客户信息的可靠性，客观地分析问题，掌握销售的推进方向。

丢项目不丢客户

真正的赢不是赢得客户的采购订单，而是赢得客户的认可。也就是说，这里的赢并不是指签了某个订单的结果，可能某个订单最终没有签，但我们还是赢得了客户的信任，这是真正的赢。虽然某个订单我们签下来了，但从某种意义上来说我们还是输了，因为客户并没有真的认可我们，只不过是从我们这里采购了一次商品而已。例如，客户签了一个信息化系统的采购订单。在系统上线后，客户发现在订单签订之前销售经理的承诺并没有完全实现，就会产生被欺骗的感觉，会对销售经理和供应商失去信任，会对销售经理进行指责并否定供应商的能力及商业诚信，未来就可能不会再和这个销售经理及供应商合作了。那么，他们尽管得到这个订单，却丢掉了未来长期合作的可能性。

从长期合作的角度来考虑，销售经理需要客户从自己这里持续性地进行采购，提出一个接一个的采购需求。销售经理也需要一个接一个地对客户的采购项目进行销售策略分析，根据每个项目的具体情况做整体分析，制定销售策略、销售计划，然后推演销售行动。从项目初期到项目后期，这个分析方法的使用，可以理解为像车轮一样，一圈又一圈地循环转动，就像是对项目进行了时间切片的分析。每当客户的采购状况出现变化的时候，或者是每一个时间周期（2 周 ~4 周）过去的时候，都需要进行新一轮的全轮分析。本书介绍的 435 分析模型，就能够帮助销售经理进行项目策略分析，推进销售进程，提供销售行动规划的支持，助力销售经理赢得订单，获得客户的认同，支持客户做出更好的采购选择。

01 越来越精明的企业采购管理者

- 该做的都做了，客户就是不签单，这有什么办法！
- 局面本来挺好的，突然跳出来个“搅局的人”！
- 关系扎实的支持者，关键时刻却不给力！
- 原本十拿九稳的单子，怎么突然就丢了！

当下市场上可选择的产品非常丰富，采购方会使用各种手段来提高采购目标产品的质量要求，降低产品的采购价格。

一般来说，采购方将价格谈判过程策略性地分成五个步骤。

第一步，商务经理会和所有供应商进行详细的采购沟通，确认产品或服务方案的功能、性能、质量等，通过一系列的评估指标来评估备选产品是否符合自己的采购需求。在这个阶段他们会将所有必要的和非必要的功能需求以及技术要求等都提出来，让供应商给出整体解决方案。

第二步，采购方要求供应商对其提交的产品或服务方案进行报价。通常采购方对报价的要求会非常细致，其中包括产品维护以及服务的时长和费用。

第三步，采购方会提出各种理由，例如公司预算不足，或者是分管的领导没有批准等，要求供应商降低报价。

第四步，采购方会根据供应商降价的频率、方式和幅度，再次进行产品功能等内容的调整，一般是减少数量或者是直接剔除部分功能，然后要求供应商重新核算报价以便达到让供应商降价的目的。依据之前的价格核算方式，有前期的详细报价数据作为依据，供应商大多会提供一个更低的报价。

第五步，有的时候他们会根据实际情况，到第四步就结束了这次的价格谈判，但有的时候他们会继续进行商务谈判，要求对方降低报价，或者要求将之前减掉的产品功能等再加上。他们还会对几个供应商的方案及报价进行比较。经过这番操作，采购价格就已经降了下来，而产品的功能和数量却没有减少，同时采购方还选择了中意的供应商。

随着各种商业信息日趋透明化，根据上市公司的财报披露和国家对企业采购信息的公开透明性要求，很多企业的采购数据都可以查询到。例如，机构在签订订单的过程中或签订订单之后，通过比较发现供应商报给自己的产品销售价格偏高，影响到企业的经营利润数据的时候，他们就会安排更专业的人来进行采购的谈判，以保证用更低的价格，获取到产品更多的功能、更好的质量、更多的服务。对于采购方来说这是有利的，可以见到实际效果，可是对于销售方来说，就不是什么愉快的情况了。即使销售方提出了如“一分钱一分货”“质量更重要”等的说法来说服采购方接受自己的产品或服务报价方案，但他们依然有极大的可能会因为价格的差距而丢失订单，因为采购方往往会选择价格最低的供应商。

说服采购方相信自己的产品或服务方案报价的合理性，对销售经理能力的要求非常高。成功的销售经理能让采购方非常信任自己，甚至完全按照自己的建议进行采购。这种销售能力不是靠关系就可以获得的，需要销售经理具有非常专业的综合能力，既能理解客户的需求，站在客户的角度为客户着想，也能明晰客户所需要的企业采购价值，所提供的解决方案建议也完全符合双赢的目的。

02 过山车带来的不只是刺激

许多人力资源部门的管理者最头疼的是如何客观、合理地对销售经理进行绩效考核。在绩效考核方案的选择上管理者的态度有很大差异：想简单可以非常简单，只要考核销售经理的销售业绩就好了，其他的好像都没有那么重要；想复杂可以极其复杂，可以用的考核指标太多了，但如果考核指标选择得不合理，会很难执行。例如，有一个销售经理，他的业绩金额达标了，可是其他的考核指标都没有完成，这种情况考核结果就不好给了，要是按照KPI指标逐一考核，评了低分，不仅销售经理本人会不满意，就连老板都会帮着他说话："这么有能力的销售经理，给公司带来了这么多的收入，怎么可以给这么低的绩效评价呢？这不是逼着他离职吗？不行！"

由此产生一个问题，假如一个销售经理业绩足够好的话，其他的问题还重要吗？如果重要的话，会有哪些呢？为什么这些很重要？考核这些内容会给公司带来什么样的价值？

这些问题会影响到什么呢？也许你可以从下面的情景中找到答案。

每一年的年末都是销售经理拼命狂奔的时刻，他们会想尽一切办法，到客户那里，争取拿到盖了章的订单或拿到订单约定的付款支票（网银付款的方式比较方便，现在大多采用网银转账方式），只为一个目标——完成年度销售业绩考核任务。如果这时不努力奔跑，可能会因业绩太差被公司解雇或者拿不到最重要的收入——销售提成奖金。

作为公司的销售经理，在某一个年度有可能业绩特别好，签订的订单金额喜人，超额完成了公司的销售业绩任务。实际上，销售经理签一个大额的采购订单是需要天时、地利与人和的。可能销售经理自己也不知道他在这个项目中用对了哪些销售技巧，也许只是按照客户的要求，进行产品功能介绍、沟通需求，提交产品或服务方案，按部就班地进行销售。其间他可能还一直在担忧客户是不是对自己的表现不满意，也在纠结如果不同意客户的所有要求，会不会被客户从可选择供应商的列表中删除。结果，在这种种担心和纠结中，他却意外收到了客户确认中标的通知，可以谈商务条款、准备签订单了。

还有许多销售经理认为机遇对自己很重要，因为他们自己对接下来如何能获取新的客户采购项目、新的商机一点思路也没有，只能像以前一样，按部就班地顺着客户的要求来配合，对所跟踪的项目是否是个销售机会，能否有机会签单没有丝毫把握。如果有一个好的机会，他们就会签下订单。如果机会不好，比如产品的竞争优势不明显、客户的采购意愿不足，或者市场环境的影响导致这一年的销售项目机会不多，也就难以完成业绩（当然，环境对于销售经理的业绩影响确实是非常大的，但这不是业绩变化的主要原因）。这种情况下，销售经理的业绩就会表现为，如果这一年机会好，就会签一个大额订单，也许会超额完成业绩任务。到了第二年，前期以为能够签下来的订单，因为出现的各种问题而没能签下来，结果是业绩完成得不太好。我们统计了全国直销业务销售的业绩数据，从统计中看，大多数销售经理的业绩数据呈现是第一年不错，可能到了第二年就会变得很差，也许到了第三年又突然好了起来。整体销售业绩数据趋势表现为蜿蜒曲折的线条，高低起伏像过山车的轨道一样（见下图）。

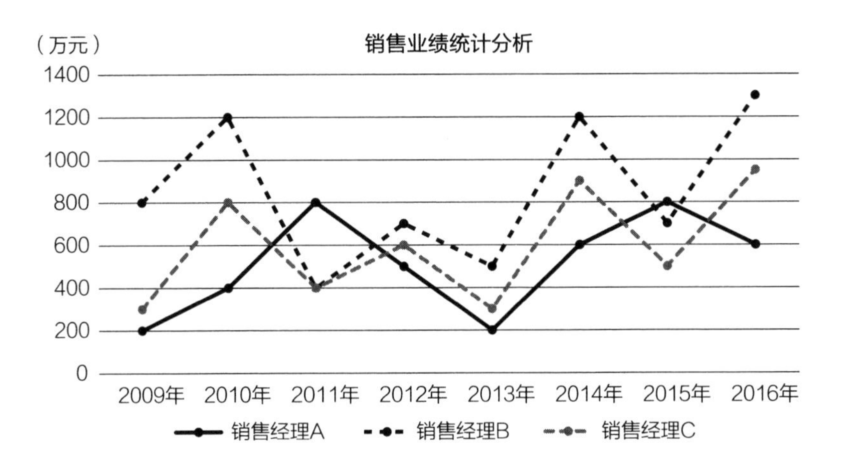

大多数销售经理认为，这种过山车式的业绩表现，同自己的销售技巧和工作的努力程度没有太大的关系，而是受市场和机遇的影响。当整体环境不错或有合适的机会的时候，自然能够签下订单，获得理想的业绩。但是，企业并不喜欢这种过山车式的业绩表现，也不愿接受这种结果，这对企业的经营会产生巨大的影响。企业更希望能够有持续的、稳定的经营收入，不仅仅是保持每一年的业绩稳定，同时还希望保持每个季度甚至每个月的业绩稳定。这种过山车式的业绩表现对于企业的经营来说是比较危险的，因为有可能在低谷中，企业的现金流不足以支撑正常的运营支出，也许等不到高峰来临的时刻，企业就倒闭了。

2020年初的疫情突如其来，为了控制病毒的传播，各地区采取了人员流动管控措施，仅仅过去几个月的时间，就已经有多家公司宣布倒闭了。与其说这些公司由于疫情突发导致没有收入，无法支撑成本支出而不得不关门，倒不如仔细分析一下为什么会这样。几个月没有收入就无法支撑，意味着企业本身的经营状况就不太“健康”，一旦遭遇环境变化，就“病”倒了。从这种企业的内部管理上看，还是现金流出了问题，如果企业有足够的资金保障，度过这种危机就不是问题。由此可见，稳定的、有规划的营业收入对一个企业是多么重要，做好销售管理有多重要。

一般的销售经理会比较关注自己在高峰阶段的业绩表现，享受高业绩给自己带来的荣耀感，可能整个公司的人都在向他竖起大拇指，对他欢呼和赞美，认可他的销售能力。这个时候，那些比较有智慧的销售经理会自我总结，多方分析，将取得成功的因素找出来，以便在今后的销售中进行复用。

当销售经理的业绩从高峰向低谷滑落的时候，一般的销售经理会寻找客观因素，认为是环境影响了自己的发挥，所以无法完成理想的业绩。而有智慧的销售经理会自我分析，看看哪里可以改进，如何提升自己的能力及事务的处理方法，为下一次的成功做好准备。这就是成功时望望窗外，看看环境给予的帮助有多大，不得意；失败时照照镜子，看看如何提升自我才能获得更好的成果，不逃避。

至于从高峰到低谷再到高峰需要多久，一般的销售经理会将答案交给环境，看看过多久环境才能有新的变化。在此过程中如果有了一个比较好的机会，能使销售经理快速进入下一个业绩高峰，他就会特别兴奋，对自己充满自信，即使从业绩高峰开始向低谷滑落的初期，他依然会保持比较轻松的状态。这对公司来讲是非常危险的，如果公司也陶醉在业绩的高峰中，不为创造持续稳定的经营业绩而努力，那么，高峰业绩的刺激是暂时的，还要面对危机下低谷业绩的“猝死”可能。

03 约翰·帕特森的逻辑

关于销售经理的能力，在很长的一段时间里，人们普遍认为，优秀的销售经理是天生的，这些人天生就适合从事销售工作。他们能够融洽地同客户沟通，知道什么时候可以和客户聊些产品信息，什么时候需要和客户沟通一些与产品无关的东西以增进彼此的信任，能根据当下的情况去和对方谈些与沟通场景相匹配的内容，能提出适当并相关的问题来促进客户的购买，能判断出谁是有能力购买的人，能将产品的描述聚焦到如何解决对方所关注的问题上，能敏锐地觉察出什么时候适合交谈，什么时候应该暂时离开。

那些普通的、所谓没有“销售天赋”的销售经理，只会向客户进行标准的产品介绍，总是说得多听得少，尽可能将产品的功能表达给客户，大力推销其所售卖的产品，所找到的客户也大多是使用产品的人，而不是做出购买决策的人。这样的销售经理没有将复杂销售环境的销售影响因素搞清楚，他的成功是随机的。

许多企业都在想办法找到“适合”的人来做销售，并且尽力挽留那些在职的优秀销售老手（老人），在销售新人的培养上所投入的精力甚少。直到1884年，美国国家收银机公司（NCR）的创始人和总裁约翰·帕特森汇集了销售精英的经验，组织开创了可复制的销售方法论。他认为销售要创造需求。他培养自己的员工去做销售，亲自去做销售能力提升的培训，并提出了许多销售理念。我整理如下。

1. 如果潜在客户能够了解我们的销售主张，清楚我们的产品特点和价值，那么即使不进行艰难的推销，他们也会自己找上门，购买我们的产品。
2. 不要不停地说来说去，要给对方（客户）一个说话的机会。
3. 要理所当然地认为潜在客户都会购买，而不是还没见面，就妄自认定某些人肯定不会有采购的想法，限制了销售的可能。
4. 对于销售经理来说，遭到直接的拒绝往往会对自己有利：这有利于把客户的拒绝理由转化为购买的真正理由。
5. 仅凭蛮力实现不了销售，只有迎合对方（客户）的需求、与对方融洽合作才能达成销售。
6. 成功的销售经理必须学会为任何人解决问题。
7. 销售的实现意味着赢得了可能的购买者的购买决定。
8. 为客户提供优质的服务，这样，他们就会反过来为你提供可能的帮助。
9. 为客户提供一些能让他们高兴的额外服务，记住，满意的客户是你拥有的最好的广告。满意的客户越多，销售所能赚取的收益也就越多。
10. 通过别人的推荐来增进信任、克服拒绝。
11. 要正确看待销售中的竞争。
12. 销售经理若是没有学习的榜样，只是顾影自怜，就难有大的提高。
13. 如果从工作中仅仅是获得了金钱，这就说明你所获得的还远远不够。
14. 成功的销售经理会信赖产品，忠于公司，全力以赴地对待销售工作。
15. 曾经，销售要靠撒谎才能取得成功，但现在，那种情况已经一去不复返了。
16. 要理解，承担了一次风险，就可能获得了一次机会。
17. 记住，方案演示只有一个目的，那就是促进客户的购买。不管你认为自己演示得多好，只要没有促进购买，你的演示目标就没有实现。

18. 思考和行动是取得进步（成功）的两大要素。

19. 在商业领域中，时间是最为珍贵的。

20. 销售技巧不是一项人们能在某个时间、某个场所能轻易获取的技巧。㊀

帕特森持续优化出一整套规范化的销售方法，规范了销售过程和销售管理制度。帕特森投入了巨大的精力来开展企业内部的销售培训，培养出无数的优秀销售经理，其中包括 IBM 创始人老沃克（他关注了第 18 条中的“思考”这个焦点，成功地将“思考”发扬光大，建立了全球驰名的 Think Pad）以及无数知名企业的 CEO（首席执行官）和销售 VP（副总裁），开创了销售科学的时代。无数企业效仿他的方式培养销售人员，由此，专业的销售培训理论开始出现。

帕特森的销售方法论我们无须评论，但他培养销售人员的思维逻辑是可以借鉴的。如果对销售能力进行评价，一部分人天生就比另一部分人做得好，那么，只要能找出销售领域内的那些天生就做得好的人，将他们有效的销售方法和技巧整理出来，教给那些做得不够好的普通人，就可以解决许多企业的优秀销售人员不足的问题。

我们可以更进一步地思考一下，那些天生就能将销售工作做得不错的人，是不是就没有了提升的空间？他们能否取得更大的销售成就呢？结果当然是肯定的，所谓天生的销售高手也还有提升成长的空间。专业的销售过程理论方法是从天生销售能力较好的人的销售行为中萃取出的销售方法和技巧，并以此为基础进行分析提升，整理出更有效的销售过程方法，适合所有销售人员学习，成为培养专业销售人员的理论依据。而本书正是基于这样的逻辑进行研究，参考各种理论销售方法并分析大量的销售案例整理出来的复杂销售项目分析方法及销售策略规划。

㊀（美）罗伊·约翰逊、拉塞尔·林奇：《现代销售之父帕特森的销售策略》，中国人民大学出版社，2007 年 7 月第 1 版。

04 “价值销售”真的无往不利吗

以为客户创造价值为中心的销售方法，即价值销售，是许多销售专家经常提及的一个话题。能否为客户带来价值，这是一个重要的项目销售成交评估要素，不仅在向客户推销产品时应用，在向客户进行公司介绍和提供服务解决方案的过程中，也是非常重要的。毋庸置疑，向客户呈现产品价值的能力是销售经理非常重要的一项技能。这种产品价值的呈现，是怎样帮助销售经理获得订单的呢？

我们可以使用下面的问题来探索答案。

客户价值中的价值指的是什么？怎样衡量是否有价值？

我在近二十年的销售人员能力培养过程中，将这两个问题分别和不同地区、不同业务或产品公司、不同级别的销售类岗位人员进行交流，得到的反馈结果大大不同。

出人意料的是，从销售经理的反馈统计看，认为客户个人认可就是客户价值的人数占比明显超出了其他的衡量方式。用人的主观看法来决策？这看起来并不科学，有没有客户价值应该是客观事实证明的，要有数据来支撑，经得起检验，甚至可以说是无法被否定的才对。

在实际销售中，销售经理看到的是客户的带有明显主观性的个人看法影响着企业的采购选择，不管是一个主要的采购方角色，还是多个采购方角色共同来做出的判断，都无法脱离主观看法的影响。个人对相关内容的认知、经验和感受，以及情绪等都会产生作用，这些都会影响到采购决策。值得我们思考的是，一家管理规范、有准确的商业模式定位并成功运营的企业，怎么会允许这种依据个人主观看法进行判断的采购决策方式呢？

一个产品或服务解决方案是否值得企业购买，可以从企业管理中的以下几个分类项目分析：这次购买是为了实现企业的什么目标，解决哪些问题？是为了企业的文化建设，是想提高员工的业务水平，还是要提高生产效率？等等。一般可以分为两类：一类是可以量化描述的；一类是不可以量化描述的，较难管理。为了更好地理解，我们将不可量化描述的部分称为“无形的”，可以量化描述的部分称为“有形的”。

可以量化描述的有：员工数量，维护费用、加班成本、设备更新成本等。

无法量化描述的有：公司形象、社会环境、客户满意度等。

一个产品或服务方案的价值，许多情况下都可以从可控度和价值这两方面进行客户收益描述。根据采购企业的不同目标和待解决问题，产品或服务方案的客户收益描述重点也要有所不同，具体表现为重要度及价值不同，可控度高的收益在价值呈现中，可通过数据进行对比呈现，不可控的部分，往往会通过对愿景画面的描述来突出意义，激发客户的购买动力。销售专家会在解决方案中将客户最关心、对其最重要的收益在描述时重点细化、放大，以便激发客户的购买意愿，实现促进销售的目的（见下图）。

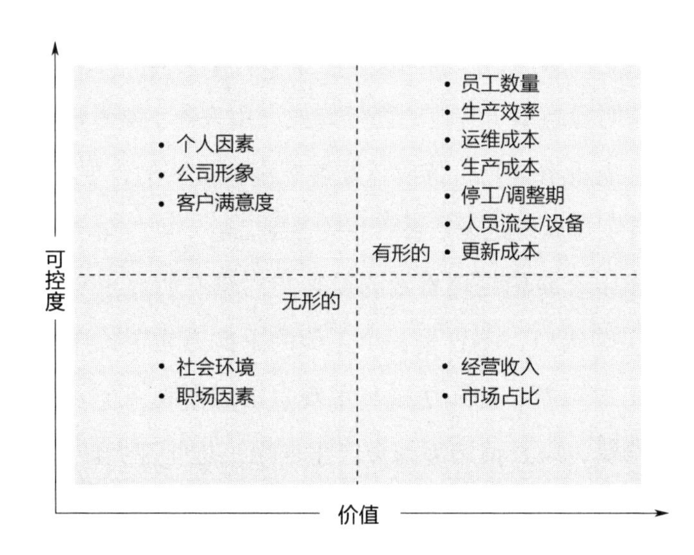

对量化收益的描述，在销售说服过程中，更要注意采购干系人个人的主观看法，这其对选择哪个供应商、哪个产品或服务方案有着举足轻重的影响，而销售经理需要依据这些内容进行销售策略分析。

在 2017 年前后有些电视台播放的比赛类综艺节目中，有种情景出现过几次。当两位选手分别进行才艺表演后，评委需要现场点评选手的表现并给出自己的评分，选出优胜者。某评委说："A 选手，你今天的表现无可挑剔，你不是在比赛，你就是在表演！我喜欢你……不过，我希望给 B 选手一些鼓励，他需要一个机会，这可以让他更有信心去实现梦想，所以很抱歉，我这票投给 B 选手！"这就是用无法度量的主观性理由"我希望"进行了决策，而前面的表现评价中所说的优势描述对决策结果没有起到逻辑支持作用。

可量化的价值数据在选择评判时是有对比意义的，但人们在进行决策的时候，并不完全依据可量化的价值来选择，而是加入了主观的、不可量化的部分，将这些结合起来，才是人们在决策时的系统评估方式。销售经理需要考虑可量化的价值部分，也要考虑不可量化的部分，了解客户的关注点，将重点放在对采购决策者最有影响力的内容上，这样才会更有效地说服对方，增加销售的机会。

05 什么是策略销售

通常销售经理需要制定年度销售业绩目标，比如，年度销售收款 100 万元。而他在年初进行项目的盘点分析（可使用销售漏斗）时认为，收款数据可能是 75 万元，那接下来他就需要解决二者的差距问题：用什么样的方式，可采取什么行动，能够实现年度的业绩目标呢？这要依靠销售策略来实现。有时需要利用一些资源，就要想方设法去调动资源。可以向内部人员寻求帮助，在沟通渠道如微信群里问大家："我正在接触一个客户，谁认识 ×× 企业的人啊？"这种解决问题的方式，就是先有目标，再建策略，后找方法和资源。

有不少销售经理在销售过程中会存在"一根筋"的情况，将注意力要么放在"如何搞定事情上"，要么放在"如何搞定和人的关系上"。例如，如何去说服采购方产品使用者接受产品的设计理念，怎样演示产品、了解需求，如何拉近和采购关键角色的关系等。对于如何系统性分析当下的销售情况，如何用策略性思维方法分析项目，如何因势利导制定出较为高效的销售策略却极少考虑。有些销售部门领导会直接让销售经理自己想办法，只要求他腿勤、手勤和嘴勤，甚至将上千万元的项目直接安排给一个没有成功签过项目订单的新手销售经理。

每个销售经理都会想将事情做好，签下项目订单，只是许多时候，却做了许多不值得做或无助于赢得订单的事。他们在选择做什么事儿来推动项目的成交上出现了问题。

有一次，在做销售能力培训的课间，一位新销售学员跑过来问我："东升老师，您讲的是策略销售还是销售策略？我有点不理解这两者的关系。"实话实说，在这之前我还真的没有严格地对这个概念问题深入思考过。

根据百度百科上的查询结果，策略，指计策，谋略。一般是指：

1. 可以实现目标的方案集合。
2. 根据形势发展而制定的行动方针和斗争方法。
3. 有斗争艺术，能注意方式方法。

销售策略是指实施销售计划的各种因素，包括：产品、价格、广告、渠道、促销等条件，是一种为了达成销售目的的各种手段的适当组合而非最佳组合。销售策略即公司产品或服务投放市场的理念。

策略销售的思维方式是在面向企业的复杂销售中，对企业销售项目进行分析，判断需要什么样的销售策略规划才是更好的选择。而要实现这个有效的策略规划，就是需要在适当的时间找到适当的人，用适当的方式获得理想的结果。

策略销售一词，暂时还没有被普遍接受的解释，我的理解是，为了获得竞争优势，赢得项目订单而制定实施策略，制订销售计划的各种手段（销售策略）的集合，就是策略销售。简单来说，就是如何制定出合理的销售策略的分析方法。

策略销售是个方法论，比较抽象。销售策略比较具体，可以以此为实施方案，策略销售→销售策略→销售技巧（见下图）。

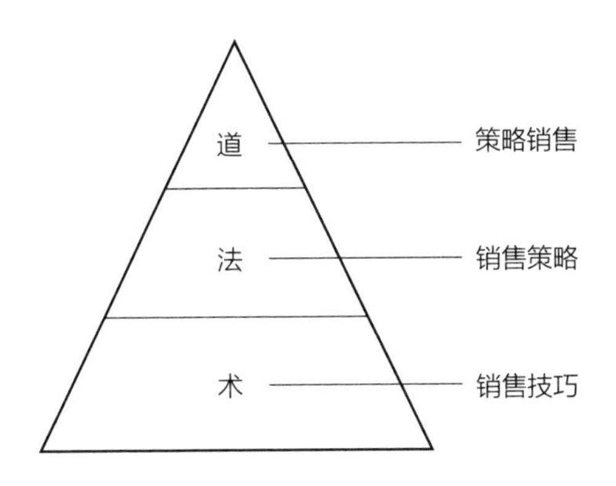

如果说策略销售是“道”的话，那么销售策略就是“法”，是否能达到预期目标，还要看“术”的执行，即当事人所应用的“技巧”，这是一个从上到下的过程，先有道——策略销售，再有法——销售策略，最后是——销售技巧。

策略销售的“道”可以理解为是一种思维逻辑，是分析问题的思维方式，层级上的高低决定了“法”的有效性和“术”的质量，“法”是方法和步骤，“术”在这里指的是技巧、能力。“法”是由“道”的核心理念推演出来的，不是唯一的，不同的人对“道”的理解不同，产生的结果“法”也会不同。例如，对同一个项目，在相同的策略销售思维下，使用同样的分析方法，也有可能得出不同的销售策略、销售步骤，但最终可能同样会实现签订的目的。

而“术”的执行效果支持了“法”的规划目的，至于能否实现目的，除了“法”的运用外，“术”的能力也很关键，正所谓“巧妇难为无米之炊”，有制作精美菜肴的方法技能，但没有食材也是难以施展拳脚，不能实现目的。适当的方式要用与当时环境相匹配的有效“武器”来配合。关于销售“武器”的种类和使用方法，我在第七章中会进行描述。

策略销售的方法需要考虑的就是利用我们的优势力量去撬动需要解决的高风险问题。那如何利用好我们的优势去解决大问题，主导思想是要识别出现有的优势，要时刻稳固现有的优势，而且要时时关注优势是否有了变化。识别出优势之后再考虑怎样利用好优势去解决那些问题。当我们遇到了一个问题的时候，我们需要想用什么样的方式可以高效简单解决这个问题，需要重视那些不知道的客户采购信息可能会带来的影响。我们在解决一件事情的时候，应该通过下面这两个问题来思考策略。

第一个问题，我们解决这个问题，想要的结果是什么？会给对方带来什么样的影响，对方会怎么看？

第二个问题，假如我们能够帮助对方得到他想要的结果，对方能给我们的是什么？

当我们有了解决思路时，一定要努力再去寻找效果更好、效率更高、更加简单的方法，以便能找到更好的解决思路。

06 赢在销售策略上

在复杂销售中有个奇怪的现象，很多销售经理明明知道自己在跟的项目没有成交的希望了，还是会投入精力和时间，甚至更加努力地跟进项目。这并非出于赌徒心理，而是因为一个大项目做到最后，往往成了公司的项目，公司里上上下下的人都知道有这么一个项目，而且有很多人，包括一些公司高层领导都参与其中，那就只有一条路走到底了。这样即使最后丢了订单，销售经理也不会被质疑。

许多情况下，管理者希望销售经理将关注点放在如何将事情做得更好上，例如，怎样更好地展示产品或服务方案、怎样更好地了解客户的产品需求、怎样更好地拉近与客户关键采购角色的关系等，实际上这只是销售经理销售工作中的部分任务，完整的销售工作内容包括两方面，做正确的事和把事情做正确。如何找出正确的事要比将事情做正确、做好更为重要。

针对企业客户的采购项目进行销售，销售经理需要对客户的采购情况有所了解，实际上，许多销售经理都会认为自己对所跟进的项目情况已经了解了，或根本不知道应该了解哪些信息才是真正的了解。对此，我们可以通过几个问题来确认销售经理对销售项目的了解情况。如果销售经理对这些问题没有清晰的答案，那这个项目的风险可想而知，能不能获得订单基本靠运气。

1. 对于客户的采购信息，已经了解了哪些？是否已经了解清楚了？还需要了解哪些信息？
2. 当下项目的成交风险是什么？难点在哪里？

3. 下一步的销售任务需要根据什么来规划？制定规划的方法逻辑是什么？

在复杂销售过程中，销售经理使用专业有效的方法找出销售的方向，分析出下一步的重点销售思路尤为重要。许多销售经理没有这方面的能力，总是按照自我感觉，尽量同采购企业的采购人员处好关系，依据采购人员的要求，提供相应的资料和配合性响应服务，却无法真正了解竞争态势，只是想着将事情做好，却不知自己做的许多事情，并不能支持自己获得竞争优势，赢得项目订单。

那么，如何判定做什么样的事才是正确或有效的呢？需要使用怎样的方法、工具呢？在一个复杂销售过程中，要利用团队中每个人的经验和智慧，最终找出大家认可的方案。理想的情况是，大家用相同的沟通语言以确保沟通顺畅，并有相应的分析方法，以保证在制定销售策略时，不因人员本身的经验和能力而产生太大的问题。采用本书介绍的分析方法和工具，能让有经验的人提高分析能力，提升成交率，让没有太多经验的人也能制定出合理、高效的销售策略，达成理想的结果。

合理的销售策略能够：

- 了解客户为什么采购，实现什么目标，解决什么问题，规避什么风险。
- 区分策略和战术方法对成功销售的不同作用，并理解策略销售的关键要素。
- 识别一个采购项目中客户的三类采购干系人以及他们的关注点。
- 识别销售项目中的竞争风险和竞争优势，并能消除风险或找出降低风险的措施。
- 识别关键采购干系人对采购项目的反应类型并制定调整不利类型的解决策略。
- 判断每个干系人在不同采购阶段的影响力，以及对自己的信任程度及产品的支持程度。

- 识别每个采购干系人希望通过采购获得的成果和个人价值。
- 根据分析，对不同的竞争态势采取对应的销售策略。
- 用适当的销售“武器”实现阶段销售目标。

在项目进行到已经能看到“双人舞”时候，往往会让那些被迫从舞台下来的“舞者”们（已经没有成交可能的销售经理）捶胸顿足：当时如果……那么，现在舞台上跳“双人舞”的可能就是自己了。与其事后难过，不如在事前多花点时间学习和思考，如何用策略销售方法制定出合理的销售策略，赢得客户的信赖。

第二章 业务情景：有格局的 to B 销售

01 应用场景：简单和复杂

虽然销售经理无法直接知道客户自身是如何进行采购思考的，但却可以通过协助客户进行采购来了解对方。销售经理应该有“分寸”地陪伴客户去完成采购过程，争取获得客户的信任，实现销售目标。销售经理在与客户沟通时要抓住客户关注的价值点，在客户采购的过程中呈现出自身产品或服务方案的竞争优势及价值点，让客户认可自己产品或服务方案的价值，向客户证明自己的产品或服务方案优于其他供应商。这就需要销售经理找出适当的方法来实现这个目标，这个适当的方法应该符合采购企业的关键决策者的主观需求，并且能获得其对自身产品或服务方案的认同。

并不是所有针对企业采购的销售项目都适合本书提出的销售策略分析方法。每一种制定销售策略的分析方法及过程，是有其独特的环境背景的，只有找出具有这些特征的环境背景，并以此为基础进行销售策略规划分析，才能够得到所期望的效果。这就意味着即使是一个非常有经验的销售经理，如果不能识别出当次企业采购项目的特点，找出匹配的销售策略分析方法，那么，其所制定的销售策略也很可能无法达到预期目标，无法赢得这个采购项目的订单。

如果销售经理不考虑企业采购情景的具体特点，只要是企业的采购项目，都生搬硬套地使用同样的策略销售分析方法，那又会怎么样呢？我们利用同一种产品两个不同的采购事例来分析一下。

在商业活动中常常会有人穿着印有企业 Logo 的 T 恤衫，这些印有企业 Logo 的 T 恤衫基本都是企业由于各种原因购买，再发给自己的员工或其他相关的人在活动中穿的。如果你是一个 T 恤衫产品的销售经理，想获得这类企业的采购订单，你该如何去进行销售呢？也许你会考虑下面的问题：

- 需要和采购企业的哪些人进行沟通？
- 企业完成这次采购需要多长时间呢？
- 他们计划花多少钱购买？有没有预算？可追加吗？
- 企业已经确认购买了吗？
- 企业会有多少人参与这个采购过程呢？
- 哪些人对选择供应商有决策权呢？
- 拥有最高决策权的审批者会直接确定供应商吗？
- 如果拥有最高决策权的审批者不表态的话，你该如何获得这个采购订单呢？

销售经理需要了解，如何根据这些信息选择适当的销售策略分析方法。这些信息是销售经理在接触项目初期就需要识别的。

事例 1

宜尔皮公司是一家上市公司，其产品的市场占有率长年位居第一的位置，公司设有多个产品公司和事业部。在公司的管理规划中，产品公司、事业部独立运营。近期财务部门出台了《经营支出与借款审批权限规定管理》办法，明确了：

采购金额在 1 万元（包含）以下的项目由部门经理审批，1 万元以上 3 万元（包含）以下的项目由事业部副总裁或总监审批，3 万元以上 5 万元（包含）以下的项目由事业部总经理审批，5 万元以上的项目由集团分管总裁审批。金额超过 3 万元的单次采购需要和供应商签订采购订单。

这个月，宜尔皮公司的 CRM 产品事业部的 COO 桂凯计划在下个月的市场活动中让工作人员穿统一的服装，以体现出良好的形象和服务意识。出于对成本的考虑，他计划服装只统一 T 恤。他比较喜欢高宁这个品牌的 T 恤，认为其质量好，价格也不高。他安排杨刚来负责这件事。杨刚和桂凯确认了本场活动的工作人员共有 34 人，T 恤的预算限定在 200 元 / 件以下。

如果你是一个 T 恤衫产品的销售经理，想获得这类企业采购订单，你该如何去进行销售呢？你需要和采购企业的哪些人进行沟通？完成这次采购需要多长时间呢？

现在找张纸，写出你的销售规划。

事例 2

同样是宜尔皮公司。按年度计划安排，集团今年组织中、高层经理年会，由集团市场部负责实施，参会人数规模在 550 人左右。市场部总经理程松的直接上级是集团分管高总。程松计划让每位参会经理统一服装，集团分管高总认可这个方案，但明确提出要控制成本，每人发一件 T 恤就可以了，每件 T 恤不要超过 100 元。程松将这件事安排给了部门中负责设备物料的张强。

如果你想获得这类企业采购订单，你该如何去进行销售呢？你需要和采购企业的哪些人进行沟通？完成这次采购需要多长时间呢？

现在找张纸，写出你的销售规划。

当你写完这两个答案之后，再看一下这两个事例的销售方式有什么不同呢？你是否关注到两次采购的审批人数有了变化，相应的采购审批时长也延长了？很明显，我们可以从宜尔皮公司的《经营支出与借款审批权限规定管理》中可以得出：

事例 1 的采购总价约为：200 元 / 件 ×34 人 =6800 元；不足 1 万元，只要杨刚做出采购方案，最终由桂凯审批就可以完成这次采购。

事例 2 的采购总价约为：100 元 / 件 ×550 人 =55000 元；超过 5 万元，需要张强做出采购方案报给程松，如果程松认可这个方案，还需要集团分管高总审批，因为金额超过了 5 万元所以需要和供应商签订采购订单，执行完审批过程，才算完成这次采购。

如果要促成这次的 T 恤销售，事例 2 的复杂度明显要大于事例 1，事例 2 的销售过程中审批决策人更多，这些审批决策人都要认可或不抗拒你的产品，你才能获得这个订单。这种情况的项目销售，对销售经理的能力要求比事例 1 会更高一些。

从上面的两个事例中可以看出，面向企业的项目销售成交难度，会受以下几个条件的影响：

- 有多少人参与（投入时间、承担任务）采购的过程？
- 满足采购需求的产品或服务方案供应商数量有多少？
- 购买审批（订单 / 付款）必须经多少人签字确认？
- 有没有采购审批的管理规定？如果有的话，是什么？

采购的场景决定了销售的难度和方式。to B（面向企业）的销售和 to C（面向个人用户）的销售是对购买或用户群体的不同类型进行划分的，这两种类型的采购过程与决策方式有极大的不同。面向个人用户的销售，购买者会非常容易建构出应用场景和使用效果，通过构想使用后的情景进行产品适用性的辨别，快速做出是否购买的选择和采购执行。

面向企业的销售相对复杂。企业采购分为复杂采购和简单采购，从销售角度来说就是复杂销售和简单销售。如果符合以下“两多一长”的标准，则销售就可以被定义为复杂销售。

- 选择多：买方有多种可选产品，卖方有卖什么、怎么卖的多种选择。
- 角色多：买卖双方都有多部门、多层级人参与采购/销售过程。
- 时间长：买方的决策流程相对复杂，花费的时间长。

在复杂销售情景中，花费的时间长，流程审批涉及的人员较多，产品可选择空间较大，这些因素给销售带来了更大的难度和结果的不确定性。销售经理在这种不确定的情形中为了保障业绩，需要增加结果的确定性，提高成交的概率。

在企业采购过程中，如果采购干系人人数较少，并且企业管理制度中并没有明确的审批流程，这类采购项目的销售方法可以定义为简单销售。如果涉及的采购干系人数较多，并且企业管理制度中有明确的审批流程，在采购规范中要求找多家供应商从中进行选择，面向这类采购项目的销售方法相对于简单销售就比较复杂，被定义为复杂销售，也有人称为项目型销售。

对于简单销售，客户方完成一次采购可能会非常快，在这种情况下，采购人做出决定之后就可以直接进行采购的动作，完成这次采购。从明确采购目标到完成采购，采购所需要的时长比较短。销售经理需要在很短的时间内做出成交的可能性评估，通过采购者的反应得出自己的判断，对这次的销售是否成功会有一个清晰的结论。销售经理可以通过快速让采购人做出决策，使其做出有利于自己产品销售的选择，尽快完成购买动作，成功实施销售。

在复杂销售的情景中，用简单销售的销售方法就不那么有效了。复杂销售“两多一长”的特点决定了其具有一个重要特征——变化。今天客户认同，可能明天就改为抗拒；同理，今天拒绝了，可能明天却表现出兴趣，所以，在复杂销售情景下需要持续进行销售项目的策略分析，从而制定有效销售策略。

在复杂销售情景下，客户企业会有多个人影响到这次采购的决策判断。这对一个销售经理来说，显得有些复杂。例如，一个人认可你推销的 T 恤，表示是符合要求的，可以进行采购，可另外两个人却提出了否定意见，认为你的产品并不合适，在这种情况下，你可能就无法做出成交可能性的评估，没办法马上做出一个清晰的成交概率判断，你需要了解更多的信息来支持判断。还要考虑，这几个人中，谁在这次采购的权力及影响力更大些，如果支持你的那个人权力更大的话，他是否会按照自己的想法进行这次采购，选择你的产品。此外，更进一步思考的话，还要考虑到如果他们在交换意见的过程中，这个认可你的产品的人被否定你的产品的人说服了怎么办？

随着时间的推移，采购干系人也许会获得新的信息，在新信息的影响下，他可能有了新的判断，原本的认可可能变成了否定。因此，销售经理需要持续地让采购干系人认可自己所提交的产品或服务方案，这并不容易做到。

02 购买者不一定是使用者

即使销售经理确定企业有实际的采购需求，也要考虑自己是否找到了真正的购买者。有的时候客户和销售经理聊得很愉快，会提出详细的业务需求，以及需要的产品功能以及性能等指标，但是客户并不一定会实施采购。在有的企业，和销售经理交流的是具体的产品使用者，他们仅仅是对采购的内容进行可行性分析和了解，并且了解市场上能够提供相关需求的产品情况，在真正实施采购的时候，他们并不参加，而是由上级机构或其他相关企业进行采购。

例如，近些年企业扁平化管理比较常见，许多跨地域企业在市一级的机构并没有采购的权限，只有在省级以上的机构才有采购的权限，省级机构采购完成后，再将产品交付给市级机构来使用。在这种规则体系下，市级机构如果有了需求，会在将采购申请上报省级机构前，自己先了解整个行业的产品情况，进行需求分析、整理，寻找行业内符合自己需求的产品供应商，了解产品及报价，会和供应商的销售经理沟通产品的功能及其他特性，可能还会编制出所需产品的需求规格文档，然后将这份文档上传给上级机构申请组织采购。

如果销售经理未能清晰地了解这些情况，仅仅和市一级的使用机构沟通，忽略了上一级的采购机构，没有对其进行相应的拜访跟进，获得项目订单的风险就会增大。复杂销售的特点之一，就是采购方有多种选择，这时竞争对手也就是其他的供应商不会无动于衷。如果竞争对手的工作做到位了，占据了竞争优势，这时销售经理在前期的工作就可能成为低价值的付出，无论之前做了多少采购配合工作，和产品的使用部门做了多么密切的沟通，如果使用部门不参与，或参与了但影响力不够，那么，在竞争中就无法获得更多的支持。所以销售经理必须要清楚自己所拜访的客户是不是具有采购的执行身份，如果没有一定要去识别出真正有采购执行身份的企业或机构（采购执行主体），了解这个项目的采购流程。

识别一个企业是不是真正的采购执行主体，一个比较简单的方式就是了解对方的采购流程和采购项目的管理规范。往往一个企业可能会有两项管理制度涉及采购，一项是采购项目的管理规范，另外一项是采购订单及付款审批流程。采购项目的管理规范中会明确企业决定正式启动一次采购项目时的规定动作，一般会有相应的具体要示，例如，会有项目立项文档，项目的立项背景说明，目标的规划设计，由谁负责这个采购项目，哪些人来参与等。在实施采购项目的过程中，如果顺利完成采购目标的选择工作，要执行商务采购动作，还会有一个采购订单及付款的采购审批流程。采购的审批流程是指从商务和财务角度指定经由哪些人进行审批确认，包括了谁发起、谁审核、谁执行、谁接收等，可以对应理解为购买产品中的购买及入库流程。

03 战略（理想）客户的识别

在复杂销售情景中，采购方会从众多供应商中选择自己心仪的产品或服务提供者合作，提供产品或服务的供应商其实也在选择客户，这一点尤为重要，因为这样的项目一旦进入，所投入的资源往往是大量的。

许多销售经理尤其是新手销售经理，基本上把关注点都放在当下的客户采购项目能否签单上，没有考虑与客户更为长远的关系。在复杂销售情景下，销售经理有时会因为同客户难以达成一致的商务条款而丢掉这个项目，因为销售经理希望项目金额要保证足够的利润。而客户则相反，他们希望能够有更多的产品功能、更高的性能、更好的服务以及更低的价格，有更多的供应商可以选择。一旦与某个供应商无法达成一致，他们就会选择其他的供应商合作。

销售经理除了想办法说服客户转变心意外，还要考虑这个客户是不是理想的长期合作客户，如果是的话，那么对这个客户本次采购项目的销售政策是否可以调整，能否降低本次销售的价格或提供更多的服务，以获得客户的认同，争取长期合作的机会。这就需要销售经理有能力识别出理想客户。

销售经理在找目标客户的时候，首先需要识别的是这个客户是不是理想客户，什么样的企业客户才是自己应该建立长期合作关系的理想客户？什么样的企业客户应该以销售产品为主而无须考虑长期合作？销售经理需要重点关注符合理想客户要求的采购企业。这就需要销售经理有能力对采购企业进行识别，识别出哪些企业是以长期合作为目标的，哪些企业以当下项目订单为目标。

评估采购企业是不是理想客户，主要切入点是客户与自己公司的合作匹配度。可以通过以下几个问题来进行识别：

第一，这家企业是否有良好的市场地位和品牌影响力？

当销售经理找到一家有商机的目标企业时，可以先设想一下，假如我们和这家企业合作，签订了采购订单，当我们把这个信息发布出去的时候，对我们企业的品牌形象有正向的帮助吗？帮助有多大呢？如果我们和这家企业的合作能够增强我们的品牌影响力，比如有人会说："这样的企业都能选择和你们合作，说明你们的产品很不错嘛！有实力，够专业。"那就可以认为和这个客户签约对我们的品牌价值是有支持作用的。

第二，企业对供应商是否有长期合作的规划？

有些企业对供应商的更换非常随意，甚至没有规范的审核标准。任何一个能管得到采购环节的人，对供应商的产品或服务感觉不好就会不付款，甚至换掉供应商。他们认为供应商就是从他们这挣钱的，所以不太重视供应商。与这类客户合作，会让销售经理疲于应付各种要求及问题，可能还没有多少利润。此时，要看这家企业在未来是否有可能向同一供应商再次进行采购。由于经营理念的原因，有的企业希望自己的供应商是有多个可选的，希望由多个供应商来共同提供服务。对于这样的客户，应关注企业打算如何规划对供应商的管理，对与供应商的合作时间长度是如何设定的，对与同一供应商的长期合作有没有倾向性。能够把和自己的经营生态上下游所涉及的企业当成伙伴来对待，这类企业是有伙伴愿望的，可以共同发展，共同成长。

第三，这家企业的商业信誉如何？是否诚实守信？

当下商业市场的情况非常复杂，企业间应收款的坏账率较高。一些看起来经营得很好的大型企业往往都有欠账现象，它们规模大，需求量大，但经常以各种理由不按期结款。理想的客户应该有良好的商誉，讲诚信，按规则行事。

在和客户沟通的时候，销售经理可以通过各种渠道去了解客户这几个方面的信息，通过和客户公司的人员直接沟通去验证这些信息，通过外部了解和内部信息分析，确定自己在什么情况下要尽量争取这家企业的采购订单，在什么情况下应该果断放弃这家企业的采购订单，战略性地选择销售目标。

理想客户的识别在复杂销售中主要有两个作用：

1. 能够让销售经理将注意力放到战略客户那里。很多新销售经理会为了三五万元的采购项目跑几十趟，这样的销售项目即使签下来也并不值得庆贺，因为性价比太低，销售经理的付出和收益不成正比。
2. 能够判断项目的风险和竞争优势。同不匹配的客户合作，后期可能会出现许多问题。理想客户能让销售经理提升工作效率。采购企业的情况越符合理想客户的识别标准，商务风险就越低。

04 锚定：以终为始的商机识别

销售经理需要提高销售工作效率，尽量在短时间内获得更多的采购订单，在潜在的商业市场机会中找到有采购需求的目标企业客户进而找到有效商机客户，需要一个有效提高销售效率的方法。如何找出有效商机客户？可以从下面两个问题入手：

1. 什么样的企业客户才是我们的潜在销售目标企业？
2. 如何在潜在销售目标企业中识别出有效商机客户呢？

有销售机会的客户是在潜在的目标商业群体中产生的，销售经理要先明确哪种企业才是自己产品的潜在的目标客户，这种企业需要销售经理去交流沟通、拜访关键角色。

记住，有价值的付出才是有意义的！

销售经理要把自己的主要精力放在那些有效商机客户身上，首先要从以下几个方面定义所要寻找的目标客户形象和特征：

- 人员规模、销售收入、纳税额。
- 产品应用可能。
- 行业或领域。

最好是确定一个方向，精准定位，找到目标企业的突破点，可能是一个行业、一个区域或一个大客户。

如何识别有效商机客户？

高绩效的销售经理会将时间花在能在理想时间内完成采购项目的客户（从有潜在销售机会的企业客户中寻找）那里。如何从潜在销售机会的企业客户中识别出有销售机会的目标采购企业，确认这家企业是商机客户呢？定义出商机识别标准是个较好的方法。

- 客户有明确或隐含的购买意向。
- 销售经理至少与客户的一个采购关键决策人有过正面的接触与沟通。
- 客户对销售经理的商务交流感兴趣或不拒绝。
- 有经验证的潜在的销售机会和显露的销售机会。

按商机识别标准识别出商机客户后，就有了清晰的客户范围，销售竞技场就清晰了。接下来就是如何在这个竞技场一步一步地争取客户方的采购决策“裁判们”认可，打败竞争对手，拿到胜利者的奖杯——采购订单。

05 不提预算提什么

实现什么，解决什么，规避什么

在销售过程中，新手销售经理在哪个阶段会相对比较紧张呢？就是在找目标客户时，一般情况是精神紧张而时间倒不一定紧张，可能找到的客户是有销售产品的应用场景的，可是没购买需求，客户没立项、没有购买计划。如果销售经理询问对方时间的是封闭式的问题，得到的答案大多也是封闭式的，买或不买。有一半机会就在不恰当的提问中失去了，而失去的那一半机会，也许是一个销售机会。销售经理要有挖掘潜在销售机会的能力，有引导和确认客户购买意向的能力。这些需要销售经理具备的销售能力，包括如何跟踪立项、初步认可价值和商务谈判等，都是在销售经理的某一个阶段要运用的具体的方法和技巧。

销售经理在同客户初期接触时要谈些什么呢？可以从项目的整体视角进行策略分析，用策略销售的方法工具来规划。一个能处理复杂采购项目的专业销售经理，必须既有策略又有技巧，两者一定要结合起来。

策略销售需要销售经理在拜访客户前先做策略分析，和对方接触的时候，首先要考虑的是客户究竟需要什么，我们能给客户的商业价值是什么。

不能只向客户讲：“我们企业现在有四五十种产品，你们公司应该会需要的。你有预算吗？如果你有采购计划，我们的产品一定有符合要求的。”这种叫无赖销售。专业的销售经理需要去了解客户的价值需求，具体到某个客户，就是能清楚地知道需要和他交流的方向、内容应该是什么。

实现什么愿景，解决什么问题，规避什么风险

从策略销售的角度，我们不是以卖产品为核心，也不是以卖服务方案为核心，而是去探寻客户的价值关注点，以客户为中心，期望客户通过和销售经理的沟通产生新的发现，这个发现会给客户带来某种价值变化。在没有和销售经理沟通之前，客户并不需要销售经理推销的产品或服务方案，没有购买意愿。和销售经理沟通之后，他有了新的价值发现，或者销售经理帮他构建了未来的愿景，他将未来和现在做了比较，看到了更好的未来，于是产生了需求，那么销售经理就有很大的概率获得这个订单。

06 逼单是个冷笑话

当客户的采购动作进展到一定阶段之后，销售经理已经对客户的采购情况有了一定的了解和判断。如果对客户采购进度不太满意，在接下来的销售推进中，销售经理往往会期望推进客户的采购动作，尽早获得这个项目的采购订单。

有时会发生这样的情况，客户已经明确了采购目标，对解决方案已经没有太多疑问，可是迟迟没有下一步的动作，总是在一些小事上纠缠，没有按照销售经理预计的采购进度推进，这时候有些销售经理会采用一种叫作“逼单”的手段。销售经理会向客户的采购负责人或项目经理提出有严重问题风险的提示，例如再不进行供应商确认就会有采购延期的风险，或实施人员不足不能保证实施的时间，或超期不能享受服务的优惠政策了，或产品库存紧

张等，希望用这种让客户紧张的方式来驱动客户快速进行采购决策。

还有另一种情况，一旦销售经理感觉到在客户的心目中自己并没有处在有利的竞争位置，感觉客户已经开始倾向于竞争对手的产品或服务方案了，销售经理就会产生危机意识。当这种危机意识积累到一定程度时，销售经理会觉得如果自己不想一些办法，可能会被竞争对手抢走订单。

为了能够扭转局势，让客户将采购的关注点转移到自己的产品或服务方案上，有些销售经理会向客户表示，如果不能够按照自己提出来的思路推进采购的话，采购项目会有风险问题，会进入糟糕的状态。例如，说自己后续就不再跟进了（供应商数量不足了，根据招标法要求，供应商数量不足的话，项目会流标），会放弃这次的项目等类似的一些手段。

这类逼迫手段会产生什么样的效果呢？客户会不会按照销售经理所期望的方向去做呢？通过对大量的实际销售项目进行数据分析，我们注意到在有些项目中，销售经理通过这种逼迫的手段，确实让客户改变了当时的行为方式，最终获得了采购项目的订单。但更多的是客户不再信任这个销售经理了，客户对这种行为产生了厌恶的感觉，将目光转向了其他供应商那里，和竞争对手的关系变得更加紧密了。

为什么这种所谓的“逼单”手段效果并不理想，可是销售经理还经常采用呢？从调研问卷的结果来看，主要有以下几个方面的原因：

第一，销售经理错误地理解了客户。销售经理误以为客户非常认可自己所提供的产品或服务方案，只是受到竞争对手的销售手段影响，所以想用逼迫的方式让客户尽快进行理性决策。而事实上，大多数客户根本就没有这样的倾向性看法。

第二，销售经理过高地估计了自己在客户心中的专业影响力。在销售经理向客户提出一些专业性建议时，客户往往会表示认可，这让销售经理误认为客户非常重视自己的意见，会听从自己的建议，推进采购。

实际上，客户会依照自己的计划来实施采购行为，有自己的采购评测标准，对销售经理的认可只是对某些观点的认可。客户非常清楚采购是自己的事情，要自己确认目标和愿景。而销售经理是来推销产品的，会夸大自己产品的功能和性能，在没有充分了解产品的竞争优势，产生明显的判断结论之前，客户是不会被供应商所左右的。

第三，销售经理没有正确识别这次采购的竞争态势。在复杂销售中，一个非常典型的特点是，会有多个供应商的产品或服务方案符合采购需求，竞争者通常是处在同样的竞争位置上，只要能满足基本的功能需求，采购企业无论选择哪一家供应商的产品或服务方案，都是可能的。他们之所以在这些满足基本需求的供应商产品或服务方案中犹豫不决，是因为采购的选择主导权思维在影响这些采购人员。有主导权的采购决策者总是想选择那些功能最多、性能最高、技术最先进、服务最优质、价格最低廉的产品或服务方案。而每一个供应商所提供的产品或服务方案，往往不能满足全部要求。一般来说，供应商的产品或服务方案及订单的商务条款会各有优劣，例如，A 供应商的产品功能最多，但 B 供应商的服务最好。这种大体相同却各有所长的情况，使得企业采购决策者难以抉择。在这种情况下，销售经理使用“逼单”的手段，很可能会在客户心中产生负面影响，结果反而丢失了这个项目。

而之所以有些销售经理会采用这种“逼单”的手段，是因为他们看到有些成功的项目是通过这样的方法签单了，为追求销售业绩，希望能在业绩统计期内完成订单的签约或收款，他们就使用了这种简单粗暴并容易操作的手段，却将这种方法所带来的风险有意无意地忽略了。

如果企业完成了采购，并没有和使用这种手段的销售经理签单，这些销售经理在进行项目复盘总结时，往往会苦笑着说：“实在是运气不好，客户已经跟竞争对手签约了！”当销售经理只盯着那些稀少的、通过“逼单”手段成功签单的案例，结果可想而知。在这个过程中，相当于使用简单粗暴的方式快速地“处理”了这个项目，其中损失的是非常宝贵的销售机会。把偶然当必然，失败率高是必然的。

第三章 全方位的感知觉察

销售经理在跟进一个采购项目时，有一类信息非常重要，就是客户的采购紧迫度。

在企业采购的过程中，负责采购的执行者会清晰地规划采购的具体时间，设计采购项目的里程碑规划，会规定在一个具体的时间之前，需要完成某些任务，在什么时间点，一定要开始某些采购动作。

采购时间是否紧张、是不是需要尽快完成采购、客户是否着急这些并不是只有项目采购时间计划这一个参考值，同人的全方位的感知觉察也有关系。除了采购相关任务以外，采购干系人往往还有许多其他的日常工作需要处理，如何分配自己的时间，以及在时间上有冲突的情况下，他们会如何调整处理这些事务的顺序，这需要销售经理对每个采购干系人进行采购任务的紧迫度分析。

当我们了解到采购企业是否有清晰的时间规划后，就可以分析紧迫度这个信息要素。可以按紧急程度分为四类，如果客户有明确的时间规划，在时间上安排得也比较紧凑，就是第一类，叫有期限紧急。如果客户对采购事项表现得很积极，但是他并没有明确完成时间的要求，或有时间要求但可以调整，这种情况属于第二类，叫正在做，客户一直在关注这件事，可是并没有明确的时间规划。第三类称为着手引入，是客户有一搭没一搭地在做，或者客户表达出了很强烈的意愿，开始了一些采购规划的动作，如正在组织采购的团队成员，对人员分工还在商讨，而采购的相关流程性的业务操作还没有实质性的进展。第四类是看情况，客户只说不做，跟销售经理聊的时候表达出对产品有兴趣，但我们看不到在企业内部实际做出的采购动作。我们通过以上四种情况来标记客户的采购紧迫程度。

01 时间线的内、外

在做销售工作时，对于和初次接触的人沟通，关注对方的时间线类型是一个好的开始方法。

我们的大脑对于过去及未来所发生的事情有一个方向性的编码，被称为时间线（Time Line）。如果时间是一条线，形容时间的词分别为过去、现在、未来。想象有一条线连接着你的过去、现在与未来，那就是你的时间线。

过去——现在——未来

时间线可以运用在很多方面。我常常这样对学员讲："我站在当下，左手是过去，右手是未来。"想象时间线是从你的左手开始，流入你当下的身体，通过你的身体从右手流向未来。如果你可以立足于当下，从更高的角度看待自己的时间线：过去、现在和未来，从完整的视角来看人、看事、看工作、看人生，就会有不一样的认知。这种看问题的视角实际上也是时间线的一种思维应用。

每个人的时间线类型各有不同，主要分为以下两种。

第一类叫“当下”，在时间线内（in time）。

时间线类型为“当下”型的人，其时间线由前向后连接。通常过去在后面，而未来在前面。他们活在时间线的现在这一部分，是活在当下的人，比较专注于当下的事情，不太注重时间管理。相对第二类（时间线外）人来说，“当下”型时间线的人感到的压力会更小。

采购紧迫度为正在做和着手引入的人多属于这种类型，他们和销售经理一直在沟通，表现出有兴趣，但执行力一般，给人的感觉是只说不做，缺少实际的采购动作。他们的焦点在感兴趣的事务上，对完成任务的时间问题不太关注，有时会在一些细节问题上纠结。

第二类叫“脱离当下”，在时间线外（through time）。

“脱离当下”的人将其过去、现在与未来摆在面前，这类人会是好的规划者，他们精于时间管理、注重时间管理。

采购紧迫度为有期限紧急的人多属于这种类型，他们和销售经理一直在积极沟通，表现出合作意愿，主动推进采购的动作，执行力强，有具体的行动规划，给人的感觉是时间安排紧凑，任务必须在既定的时间内完成。

采购紧迫度为看情况的类型，从时间线来分析是没有目标的。在这种情况下，因为没有方向，所以他们没有办法看到指引前行的目标，也就很难产生行动。

对销售经理来说，没有绝对理想的时间线类型，只有适合采购项目当下需求的表现，所以，重要的是识别出当下采购干系人是什么类型，并考虑当下的销售情况是否需要关注这种类型带来的影响。引导或提醒对方关注他的时间所采用的方式是很重要的，只有这样才可能让对方愿意用对他比较有效的方式，重组他的时间线。

02 项目签单感觉度量

在跟进项目的过程中，作为销售经理，你现在对项目的感觉如何？我们可以用“感觉度量尺”来探寻一下“感觉”(见下图)。根据对项目的了解情况，你的心理感觉是安全舒适，还是紧张、恐慌？你对项目成功的期待以及获得成功的感觉，也许是理想的、积极的，也许是有压力的，紧张的。我们将感觉用分数标记一下，从 1 分到 10 分，1 分对应惊慌，10 分对应十分有把握，当下你对项目成交的感觉在几分的位置？在几分时你会感觉舒服？做些什么可以让分数达到你感到舒服的位置？

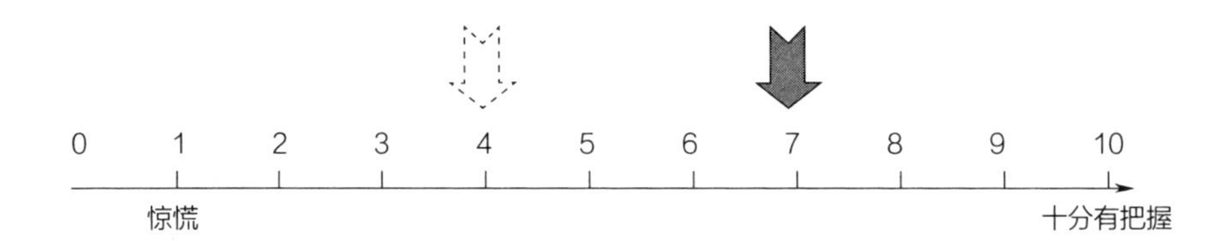

对项目的感觉，谁也不能替代，因为销售经理才是直接和客户面对面沟通，掌握项目信息最多的人。销售管理人员是通过销售经理获得项目的信息的，无法完全体会到销售经理的感觉。“没有什么东西是搞不定的，一定行，放心吧！”销售经理对着主管拍胸脯，“拿下订单应该没问题。”或者是自然地推进项目：“还算可以，挺好的。”也可能是负重前行：“这个项目比较难办，客户是公事公办的样子。”

对项目的感觉会给销售经理带来什么影响呢？会影响到销售经理对项目的投入状态、关注程度、精力状态，也会影响到他的积极性。不同的感受会让销售经理有不同的表现。销售经理的理想状态应该是积极的、阳光乐观的。

需要注意的是，如果销售经理沉迷于优势竞争地位，感觉极其自信的话，则有可能会产生一些判断上的失误，从而因为太放松而忽视一些重要的事项，丢掉本来希望很大的项目。而如果销售经理太悲观了，他也许会放弃可能还有机会的项目，错失订单。所以，太乐观自信和太悲观恐慌都是有风险的。

聚焦成果

销售目标必须具象化，必须是清晰的、可度量的。我们在做销售目标规划时，首先要明确，这一次拜访客户，想要的结果是什么。这个结果必须是清晰的、可度量的。这样当我们拜访结束后，可以清晰地知道是否达成了目标。行动方案中是不是清晰地指明了期望的结果，如果没有指明目标结果的话，这个方案就是不可评估的，因为不知道具体要什么结果，就算可以将一些事情做得很好，可是这些事情是你需要做的吗？或者说是规划中的吗？能为你的销售推进增加竞争优势吗？如果现在都不知道，要等做完了才知道，那是自然行为，没有规划目标，没有设计行动。好的策略规划行为在做事之前就有清晰的目标定义，通过一系列销售行动推动目标的实现，得到想要的结果。这个结果和目标应该是一致的。

在复杂销售中，销售经理的销售目标是随着客户的采购目标来调整的，所以了解客户的采购目标非常重要。销售目标好像很简单很容易说清楚，但是要真的想把销售项目签下来，了解并引导客户制定适当的采购目标，难度相当大。毕竟销售目标不是想象出来的，必须要有客户的采购目标证据，例如客户的预算、客户的采购需求和采购时间规划，这些都需要和客户沟通确认。

另外，客户的采购目标的需求确定，并不是直接形成的，需要一个过程，刚开始的时候可能客户自己也没有清晰地定义，到底需要采购什么样的产品或服务方案。企业的项目型采购，例如咨询类的采购，有的客户可能直到签订单前，也不一定能够确定采购内容，直到签约后才会明确自己购买的产品或服务方案。项目的成交时间，有时也是随着客户的采购进程不断调整的，销售经理在估算项目签约的时间上，往往和实际的签约成交时间有些偏差，估算的时间往往会早于实际客户签采购订单的时间，因为在估算成交时间的时候是根据当时的情况做的判断，而在销售过程中会有很多意外的事件，都会影响客户采购的签约时间。

如何制定理想的销售目标，识别出企业客户的采购目标呢？这会给销售经理带来哪些帮助呢？让销售经理找到销售的具体目标，找出相应的采购干系人，通过和采购干系人的沟通交流，呈现出差异化的竞争优势，有步骤地实现销售目标，获得订单。

有效的销售策略是需要依托客户采购目标来制定销售目标规划的。举个例子，我们计划卖给客户一个客户关系管理（CRM）系统。沟通过程中发现客户的关注点在功能上，我们的 CRM 和竞争对手的 CRM 相比，竞争优势并不大，可能还差一点，这种情况下如果要获得项目，就需要调整销售策略，引导客户重新定义采购目标。比如在采购中加一个 HR 模块才是最符合客户收益的方案，这时新的采购干系人就会出现，如果获得 HR 模块的使用角色人力资源部门的支持，这种情况下竞争格局就改变了，那相对而言也会影响到各供应商的竞争优势。

所以，当一个供应商的产品线比较长、产品比较多时，就可以很容易使用这样的策略来引导客户优化采购目标，逆转局势，增加自己竞争优势。而当一个供应商的产品不那么丰富，而客户的采购需求又改变了或增加了时，销售风险就来了。

销售目标意味着客户在关注什么，如果客户关注的产品涉及生产制造，这往往意味着客户知道自己在生产管理和成本管理当中有需要优化或提升的需求，这也意味着管生产和管成本的人员会参与这个决策过程。当意识到这一点的时候，我们就要有针对性地去同这类采购干系人进行沟通。

销售目标除了要关注产品功能需求外，还要关注采购价格和时间，以及采购的签约主体单位。价格就是目标销售产品要卖多少钱（客户采购需要花费多少钱）。价格影响着整个采购审批流程，比如对 50 万元的采购项目和 800 万元的采购项目，企业的采购审批流程差别可能是非常大的，销售经理需要投入的精力和付出的努力也有很大差别。通过整合或者是分解项目的需求，调整采购金额的大小，改变客户的采购审批流程或审批人员的数量，可能直接就会屏蔽掉一些供应商，这也是销售竞争中常用的一种策略。

项目成交的日期不但对销售经理的业绩预测有很大的帮助，也对销售经理的资源协调和判断客户的采购紧迫程度有非常大的帮助，从中可以了解客户是否有明确时间的采购规划。

盲目的行动很难达成有效成果

制定一个合理的销售目标，需要了解 4 个要素：采购需求、采购时间、采购金额和采购主体。具体要求是清晰可靠，有时效性，集中在一个特定的交易当中的特定结果上，要描述得简洁，不需要太复杂。用一句话来总结就是：要卖给谁，客户的采购法人主体是谁，客户要买的是什么（也就是我们要卖给客户的是什么），我们计划什么时候成交，销售收入是多少。

如果销售目标的 4 个要素的内容改变了，往往也会影响项目的竞争态势，在这种情况下，销售经理必须要重新进行销售定位。一个有利的调整变化会增强我们的优势，一个差的调整变化会降低我们的优势，将优势变成劣势。

这就像是小船航行在大海中，船长对方向的轻微调整，都会对到达目标的时间产生影响，随着偏移方向的航行时间的增加，影响会越来越大，越来越明显，到被觉察的时候，可能小船的航向和最初的规划目标已经相差甚远了。所以，在复杂销售过程中，有经验的销售经理会主动关注销售目标，影响客户的采购目标。

销售目标是一个销售项目的终点标记，在实现这个目标的过程中，销售经理需要始终清楚，要达成这个目标需要一步一步、有策略地推进。销售经理可以在明确目标后询问自己：这个销售计划实施后，和实施这个计划前比较，从销售进度上看会有什么不同？如果不实施这个计划，对项目的竞争会有什么影响？还有哪些更好的方案呢？当这些问题都有了答案，相信销售经理也就确认了这个计划对达成终点目标的价值了。

03 找出前行的小目标

阶段目标 / 关键成果

销售经理在拜访客户之前，要做好充分的、有价值的准备，同客户约好见面的时间、地点后，需要在见面前找到下面几个问题的答案，来确保这次的拜访是有意义和有销售价值的。我常常问那些销售经理这几个问题：

- 你为什么要花时间和这个客户沟通？
- 你和他的沟通交流会有成果吗？
- 如何确定你已经得到这个成果？你如何知道这个成果就是你想要的？
- 你真的是在准备好之后采取行动的吗？

如果他能给我肯定的回答，我会接着问他，这符合你的业绩期望吗？如果得到的是否定的回答，那么我会建议他修正一下这次的拜访计划。

第一，拜访这个客户的终极目的是什么？

这次的拜访会如何促进终极目的的达成？

每一个销售经理都有自己的年度业绩目标，这是考察其这一年的工作成绩的主要指标，也是一个销售经理的年度终极目标；这个目标必须清楚地量化出来：金额是多少？是订单额还是到款额？时间范围是哪段？关于客户的领域、行业等有什么要求和标准？哪些产品和服务的销售可以作为业绩？

为了能完成终极目标，销售经理必须要保证自己的时间安排是合理高效的，因此，要尽量让每一次的客户拜访符合目标要求，让每一次的拜访都能为促进成交起到作用。这就像爬台阶一样，需要一个台阶一个台阶地向上攀爬，每个台阶就是一个里程碑。销售经理的每一次拜访，都应该像是在攀爬一个台阶或为一个台阶蓄力，待下一次成功地踏上更高一阶。

这个客户是我的年度业绩客户中的一个吗？

如果是的话，那么，这次的拜访会有什么成果呢？这个成果是否在促进成交？每次的沟通交流都会有一个结果，但有效率的成果一定是与销售进度有关的，是否在客户采购的进程上起到了推进作用？有的成果是非常明显的，可以看到在采购进度中前行了一步；有的成果却不是，它有可能会是采购进度的一步过程前的蓄力动作，或者是几小步集成了这一步；能产生这些结果的拜访都是有价值的。有时我们会进行一些礼节性的拜访，好像和采购有直接的关系，但因为无法保证进度的推进，因此，这类拜访不被称为有效率的。

以下几种情况是可以称为有效率的：

- 客户确定了一个明显的采购流程中的工作推进任务。
- 客户完成了一个明显的采购流程事件。
- 我们获得了至少一条对赢单有价值的信息。
- 竞争的优势得到了明显的增强。
- 客户确认我们完成了一项客户采购流程中指定的任务。

当我们能准确验证以上情况是真实的，并且是可量化时，我们就可以确认自己的这次拜访是非常有价值的，推进了客户的采购项目进程。

第二，如何确信已经达成本次拜访的目的了？

从客户那离开后，一个非常重要的问题就摆在了销售经理面前，这次的沟通交流真的达到目的了吗？如何来证明这一点呢？

有一个非常重要的识别标准是来自客户的承诺，客户明确了自己采购进程中的一个活动任务，或为了推进这一个活动任务客户而做出的计划承诺。

另一个识别标准就是判断拜访结果是否达到了我们在拜访前设定的目标。在合理的目标设定中，是有衡量标准的，我们需要将结果和目标的衡量标准进行比对，看是否达到了目标，达到了就是有效的结果，否则就是没有价值或价值不大的拜访。

所以，制定一个目标，并且有明确的目标衡量标准是保证达到目标的关键。

第三，应该从拜访对象那里获得哪些信息和承诺？

许多销售经理在拜访完客户时，会因为客户的热情接待而喜悦，客户的友好态度让销售经理乐在其中，满足于这种愉快的沟通氛围。只是，事后在盘点项目状态的时候销售经理才发现，客户的采购意向依然不明朗，对是否有机会赢得这个订单也没有太大的把握，回想起拜访过程中，客户也并没有给自己什么采购承诺。这种拜访对项目的销售进展推进不力，主要表现在以下几个方面：

- 应该了解的信息没有了解到。
- 协助客户采购的销售动作没有付诸行动。
- 销售目标的产品没有获得客户的认可。
- 销售拜访没有连续性。
- 沟通中没有为客户考虑并获得反馈。

在同每一位采购项目相关角色沟通的时候，都要从以下 5 个方面进行规划，以保证把握住每一次沟通机会。

1）获取采购信息。

a）需求类问题；

b）非需求类问题；

c）消除风险点问题。

2）推进销售竞争计划。

a）阶段销售目标；

b）本次的沟通目标（如何达成阶段销售目标）；

c）目标达成评估（可量化）。

3）增进客户的认可或信任。

a）对销售经理的信任度是否增加；

b）对产品或服务方案的认可度是否增加；

c）对公司的专业服务能力的认可或信任度是否增强。

4）规划并推动连续性的销售事务（双方协同实施）。

a）下一次的协作内容的确定；

b）约定协作的时间安排及参与人员。

5）获得明确的客户反馈。

a）询问对本次沟通的感受（满意度）；

b）探寻客户对下一次协作或沟通的期望。

第四，如何让拜访对象有意愿和我们进行沟通呢？

虽然我们有自己的目标和要求，但是拜访对象不一定会配合。愿不愿意回答我们的问题，给出我们期待的信息和行动承诺，要看拜访对象的想法和感受。如何让拜访对象愿意和我们沟通，给予我们想要的信息和行动承诺呢？这需要逆向思维——换位思考。拜访对象在和我们沟通前，是否对这次的沟通有期待目标呢？理论上拜访对象会有期待目标，如果我们能在沟通过程中满足拜访对象的期待目标，他自然也就有意愿进行深入交流了。

想要达到这个效果，我们需要在沟通前分析几个方面的问题：

- 沟通对象在这个项目中扮演什么角色？
- 这个项目能给他的职位角色带来什么帮助？
- 对于他个人来说，他能收获什么？
- 他想要什么样的支持？我们能提供的帮助有哪些？
- 这次沟通可以提供给他的是什么？应该用什么样的方式提供给他？

以上所有的问题都有了答案后，我们就基本解决了满足拜访对象的期待目标的问题，让拜访对象有意愿并能投入精力和我们进行交流。

第五，如何保障拜访目标的顺利实现？

有时候，尽管我们做了充分的准备，但是依然不能获得期望的结果，我们无法按计划说服拜访对象，沟通的过程和结果和我们预想的根本不同。

这是什么原因导致的呢？丹尼尔·平克在他的一本畅销多年的作品《全新思维》中开创性地向我们展示了引领未来的6种基本能力——设计感（Design），故事感（Story），交响能力（Symphony），共情能力（Empathy），娱乐感（Play），探寻意义（Meaning）。其中的共情能力和故事感给了我们答案。

共情能力是设身处地认同和理解别人的处境、情感的能力。站在别人的立场上，用他们的视角来看待事物，理解他们的感受。

通过讲故事的方式进行说服更容易为人们所接受。而讲故事的重点是什么？情感在其中是非常重要的。

同时，我们还要考虑，客户对我们有信任的基础吗？这是成功沟通的重要基础因素。我们需要构建信任，让拜访对象认可我们。我们需要从几个方面来构建信任：

- 让拜访对象认可并相熟的人来介绍我们；
- 让成功的样板客户（应用产品效果非常好的采购企业）来给我们背书；
- 用专业形象和表现来赢得客户的信任。

专业包括了多个方面。例如你的衣着打扮是否和对方认知中的形象匹配？一旦和他的认知形象不一致，就会让客户产生疑惑，这人能行吗？

另外，办事风格也是需要注意的，如果客户有期待的专业规范和行为方式，而我们没有符合客户的预期，客户就会对我们的能力进行重新审视，和最初的预期进行比对，低于预期时，客户就会产生失望的情绪，在接下来的协作事务中的表现就不再那么积极和乐观了。

计划只是计划，执行时很难保证会百分之百地达成目标；所以，我们除了上述的分析准备之外，还要在执行后，及时地进行复盘：

1）这次拜访的结果同我们的计划目标相比，有什么差异吗？

2）是什么原因导致了这些差异，我们从中发现了什么？

3）接下来如何应用这些新的发现？

通过复盘，了解这次的拜访成功是因为哪些事情做到位了，是什么影响了目标的实现。这些答案可以帮助我们在下一次的拜访中更有效地达到目标，让我们对未来的拜访充满信心！

04　专业赢得成功

在复杂销售中，由于采购周期比较长，采购企业的内部环境变化概率较大，销售经理经常会碰到采购相关人员的变更、采购企业机构的重组等各种影响成交的因素，这些情况的发生对于销售经理来讲未必是好事情。销售经理需要在这些情况发生时，考虑如何制定出有效的应对策略。

有的时候采购企业的信息已出现变化，可是有的销售经理却忽略了这些变化。这种情况在认知心理学中叫习得性无助，就是指一个人如果在历史经验中发现对某件事情自己没有办法改变的时候，即使现实中是有改变方法的，但他依然不会做出任何改变的行为，他已经习惯性接受这个改变，承认当下的结果，认为无法改变。我们需要把这类情况识别出来，并且做出有效的应对。

在制定销售策略的时候这些信息都是分析的依据，是重要的销售策略规划基础，如果没有了解这些，销售经理的行动就会较为主观，结果不可控。销售工作是要将不确定转为确定的一个过程，有效的销售动作做得越多，签单的可能性就越大，而从不确定到确定是一个转变的过程，相对而言，解决的问题越多，确定性就越大。

一些常规事务性的销售工作既不影响客户采购的公平性，还能够让我们帮助客户将采购进程按销售计划推进，从信息化项目的角度来讲，适合销售经理介入的采购企业的采购工作是可以识别出来的。

1）客户的需求分析部分是可以介入的。

2）客户的采购目标产品规划是可以找机会参与的。

3）客户的方案选择的设计和指标设计是可以介入的，也叫招标文档（这点需谨慎）。

4）客户的立项报告是可以协助客户去实施的。

如果我们不帮助客户做这些工作，客户也会自己去完成或找其他供应商协助完成，但如果我们帮助了客户，就可能会赢得客户的好感，而且也不会违背客户公平竞争的本意。在客户进行需求整理，立项的文档、招标方案的整理时，我们都是可以提供一些帮助的，当然前提是客户允许我们参与进行辅助性工作，不是我们来主导而是由客户来主导的内容。

作为一个销售经理，分析销售项目的情况就像医生分析病人的病理报告一样，一旦出现变化那是非常迅速的。可能昨天关系还不错，客户还认可表态，到了今天竟然和竞争对手签单了。所以有人说，今天的成功并不代表着未来的成功，战术上获得了胜利，但可能是战略上失败了，即使这个项目签单了，回款了，也并不是万事大吉。有的时候销售经理会做“搬起石头砸了自己的脚”的事情，要了一些小聪明，获得了订单，反而让客户不再信任他，丢掉了长期合作的可能，给后期的产品实施、运维服务工作造成了大麻烦，在服务过程中与客户产生冲突，导致产品实施与服务无法顺利进行。

真正的商业成功，一定要具有良好的客户关系，客户能够重复购买我们的产品或服务方案。建立长期的合作关系，对我们有非常好的口碑评价。这些都是我们在单一采购订单之外的业绩争取，就是客户经营的思路。

销售的过程手段需要省时、省力、高效，这是我们追求的一个方向。

有的项目在商务谈判接近尾声的时候，一般的销售经理就会放松下来，认为项目基本没问题了，就打印合同交过去，等着对方签字盖章。却突然接到客户打来的电话说：“你们这个方案怎么做得这么差，连基本的格式都弄错了，竟然还忘了盖骑缝章。”然后就被放弃了。这是一个真实发生的事情，一个简单的失误引发了严重的后果。

要避免这些问题，销售经理需要用专业的能力来赢得成功。当然，选择好的项目非常重要，在跟进一个客户采购项目的时候，一定要在初期识别出重要信息，客户是什么样的情况？客户的经营理念是怎样的？有没有长期合作的伙伴意愿，信誉程度如何？品牌影响力如何？如果这些都是比较符合期望的，那现在我们就要考虑怎样才能够和他建立一种理想的合作关系。如果是一个理想的客户，而我们又处于竞争劣势的时候，那么我们就需要调动所有可调动的力量去突破困局，获得成功。这需要将销售策略从当下的关注点，从单一项目转移到更大的视角，或者上升到战略合作的角度来审视。

销售经理不仅要能发展理想客户，同时也要懂业务、知管理、会分析。这是策略销售带给我们的帮助，一旦把销售定位分析清楚了，销售经理就会更加容易地找到有效的销售策略来实现目标，有了制定销售策略的方法和工具，用什么样的销售策略、销售手段来实现这个目标，相对而言就更容易一些。

第四章
找对人：应该找谁来谈业务

销售经理需要有运筹帷幄、决胜千里的能力，才能达成期待的销售业绩目标，否则所有的事情混在一起就会像一团乱麻。

有一位经常参加我组织的销售经理实战经验研讨会的销售经理程一帆，他曾意气风发地在新员工入职培训时宣称，要奋发图强，获得成功。但由于种种原因，他的工作业绩不太好。有一天在我们的研讨会结束后，我发现了在门外呆呆站着的程一帆，便询问他："怎么了？看起来有点低沉的样子。"他回答道："是啊！有点……我现在心里非常困惑，觉得很迷茫，所以想和您交流一下。"说完，程一帆有点紧张地搓了搓手。我把程一帆带到了大厅屏风后边的咖啡区坐下。

程一帆开始了他的讲述。"为了有更好的业绩，我付出了很多，很努力地跑客户，可是销售业绩却依然没有起色，我也知道要提高销售能力。"他开始自责，"我想只要我努力就一定能够做到，可是结果却不是这样，是不是我不适合做销售啊？"

听着程一帆的讲述，我的心情也开始沉重了起来。我安慰他说："在我

25 岁的时候，连你这些意识还都没有呢！那个时候的我真不如你。”可是程一帆不相信我的话：“怎么可能！”事实上，当年的我内心充满了迷茫和纠结，不知道怎样才能更好地做出业绩，证明自己。

在这里我想借助程一帆的情况说明一个问题，如果我们不能在达成目标的过程中提高自己的工作效率，那么即便我们努力付出，可能也无法获得期望的成果。

在初期，销售经理常常会选择与较容易约见的人进行销售沟通，对于不太熟悉的客户，是否能找到合作的方向，并有效地建立商务关系，销售经理的心里会充满不确定感。人们需要确定感，销售经理在销售中也需要确定感，以支持自己保持好的状态继续前行。如何让这种不确定感变得确定？销售经理必须有好的思路和方法，这会让销售经理在与新客户或老客户的销售沟通中，提前做好准备，用最好的状态去面对。

销售经理在销售拜访的过程当中，通常会关注客户的采购项目都有哪些决策人，希望跟这些决策人进行沟通，说服对方认同自己所推销的产品或服务方案。这些决策人会影响企业采购的选择，他们会评估哪个产品或服务方案更适合本次采购需求，在评估过程中会对产品的功能、性能以及服务做出自己的评价。找到这些决策人，让他们支持自己的产品或服务解决方案，并且得到他们对自己的认可，影响到销售经理能否顺利签单。

在复杂销售场景中，企业采购订单的签审流程通常是分阶段来进行的，每个阶段都会有多人参与，这些人对本次采购的产品或服务方案审核通过后，才会转到下一个阶段。对于销售经理来说，找到这些审批节点的审核者和决策人，是必须具备的本领。

我听到许多企业的销售总监都说过这样的话，新销售经理的问题是不知道去哪儿找客户，就算找到了客户，也不知道自己应该做些什么。老销售经理的问题是，能找到客户，也知道自己应该做些什么，可是却为所跟踪项目的成交率犯难，项目跟着跟着，客户就和竞争对手签了订单，或者客户的项目终止了（自己开发生产或停止了这次采购，这两类问题都可以通过系统性的销售策略分析方法来解决）。

作为一个面向企业客户的销售经理，尤其是新入行的销售经理，去哪儿进行销售？到哪里去找到目标客户？在什么样的客户那付出的销售时间是有价值的？这都是必须要考虑清楚的问题，也是重要的销售效率问题。

销售经理在拜访潜在目标客户时，常常会被拒之门外，运气好点的，接待销售的客户人员会非常客气有礼貌，能和销售沟通交谈一会儿，了解一下销售推销的产品或服务，然后说："谢谢，我们目前不需要，以后再说吧，您慢走。"拜访时总是找不到那个对的人，或无法识别出哪个人是采购干系人。

想要找对并且找全这些采购关键干系人，你可能会想出 N 种方法（N 大于三），每一种方法都会有一些优点。但是，这些方法也许并不都是明智的，销售高手会找出更好、更有效的方法来找到对的人。从原则上讲，如果一个方法没有经过评估就不是最好的方法，有时，现实的残酷会让我们难以遵循一些方法论，除非你能够立刻判定并确保结果。

我们可以从概率的角度来验证方法的适用性、有效性。要想找出这个问题的正确答案，应该遵从人们早就已经知道的道理，"知己知彼，百战不殆。"如果销售经理对企业采购实施过程一无所知或知之甚少，那么销售经理的销售大概率会无法达成。

销售经理应该从采购方的角度来考虑这个问题，如果想找全、找对采购干系人，要站在采购方的角度，从采购的实施过程中了解一家企业的复杂采购过程。从采购执行的角度进行角色分类分析，做到知己知彼。

01 椅子和椅子上面的人

日本作家筒井康隆是一个非常出色的小说界教父级人物。在《盗梦侦探》(又名《红辣椒》)这本小说中，主人翁成功地化身为各种拥有出众能力的人物：一个顶级的精神科医生，一个时尚的妙龄女子。她一会儿出现在人们的梦中，一会儿又出现在现实中，她在梦中为患者进行精神疾病治疗，治好了众多的精神科患者。后来，她的思维开始有些混乱，没办法分清楚自己是在梦中还是在现实中，即将被梦境吞噬。我很喜欢这个故事，有时，我站在去往目的地的一个岔路口，脑海中就会出现一个声音在不停地叫嚷着："往左边走，这边会更快一点！"事实上右边才是我经常走的路。左边真的是更快的路线吗？

心理学家弗洛伊德认为，人类的人格分成三个部分：本我、自我和超我。本我，就是那个"最根本的我"，是人格的最底层。自我，是我们意识中的那个自己。超我，是一种理想化的人格。弗洛伊德认为，人类的行为是强化自我、追求超我、升华本我的过程。

从人格到思维逻辑，曾任美国心理学会主席的亚伯拉罕·马斯洛也有独到的见解。在马斯洛看来，人类价值体系存在两类需要：一类是本能或冲动，称为低级需要或生理需要；一类是潜能或需要，称为高级需要。马斯洛在《人类动机的理论》一书中提出了需要层次论。其中描述了人的需要会影响他的行为，影响人们行为的因素是复杂的。

人们在行为选择时，会受到多种因素的影响。心理学家荣格认为人类的人格中具有四种主要的原型：阿尼玛（Anima）、阿尼姆斯（Animus）、阴影

（Shadow）、面具（Mask）。人在不同的场合会使用不同的人格面具。人格面具分为：外交面具、工作面具、社交面具、朋友面具、家人面具、夫妻面具、独处面具。这7类人格面具由外而内，一个套一个。这些人格面具影响了人们的行为选择，由于关联强弱、重要性和层次性的不同，每个人都会有独特的思维模式和行为方式。

采购干系人的看法是会变的，是复杂的、受工作角色影响的，是人格面具中的工作面具和社交面具的体现。

在授课过程中，常有一些学员会问我："付老师，我真搞不懂这个客户是怎么回事，无论怎么想，他也没有这样做的理由啊？"学员的困惑是，不知道对方为什么会做出与自己的分析判断不一致的行为。"如果我或者任何人在这个职位上，都不会像他那样做。我真的不能理解，他是怎么想的，到底是怎么回事？"

如果学员拿这样的问题来问你，你会怎么回应呢？

在工作过程中，每个人都要为其所处职位的职责负责，这些职位的名称有可能会有相似性，比如金融公司信贷部的总经理。商业环境中有很多家金融公司存在，也有很多家金融公司有信贷部总经理这样的一个职位。那么，这些职位名称相同的总经理们，在同样的背景下，在处理问题的时候，会用完全相同的方式吗？会做出同样的选择吗？答案是，不一定。

实际上会有很大的不同。从荣格的人格面具理论中，我们知道除了工作面具外还有其他面具。这些信贷部的总经理虽然职位相同，但是，在做行为判断的时候，他们依据人格面具的（工作面具、社交面具、朋友面具、家人面具、夫妻面具和独处面具）的重要性和层次进行排序，结果可能是不同的（大概率是不同的）。

我们在深入分析一个采购干系人的时候，要思考影响他的行为的是什么。例如，有一个采购企业的CTO，我们叫她A女士，在我们和A女士对公有云系统升级进行沟通时，她聊了很多她作为CTO的想法和要求。接下来，采购企业的组织情况变了，A 女士不再担任 CTO，由 X 先生继任了 CTO。当我们和 X 先生对公有云系统升级进行沟通时，他作为 CTO 的想法和要求会和 A 女士的想法和要求相同吗？

实际上，这个问题困扰了学员，不难理解，学员被困扰的原因是只分析了采购干系人的工作职责部分，即岗位职责因素，缺少了其他因素，加入其他因素后的完整性行为反应当然就不一样了。

人们习惯于用比喻来思考，从特征描述上，我们可以将比较有重复性特点的职位比喻成一把椅子，实际上椅子也可以理解为荣格面具的一个映射。我喜欢这样来问学员："如果将职位当成一把椅子，不同的人坐在同一把椅子上，你是在和椅子沟通，还是在和坐在椅子上的人沟通？"如果销售经理能理解这两者的不同，就会明白："如果我或者其他人在他这个职位上，都不会像他那样做，我真的不能理解，他是怎么想的？到底是怎么回事？"出现这种情况实际上就是将沟通对象当成椅子了，而不是椅子上的人。

要理解跟坐在椅子上的人沟通，和跟椅子沟通是有差别的。

"个人价值"是很难把握的东西，有些人如果感受不到"个人价值"，就不会产生动力。同类采购干系人的"企业价值"相似，但是他们的"个人价值"可能各不相同。举个例子，你的产品能让客户少加班，这是"企业价值"，不一定是"个人价值"。有人会因此而生气，因为少加班会少拿加班费，这些人就不会有动力来支持你的产品。

"个人价值"除了个人的利益还有可能是些无形的东西，比如成就感、被尊敬等。

找出采购干系人的"个人价值"有三个方法：一是直接问当事人，二是问了解的人，三是进行推断。问的风险是问不出来，或得到的答案不对，推断的风险是有时会被销售经理自己的想法左右。只有找出采购干系人真正的"个人价值"，有针对性地满足，才会获得他的认同，他才会有动力配合销售经理完成采购。

“企业价值”是采购企业的采购角色站在职位的角度提出的需求，以企业收益或带给企业的价值为核心。“个人价值”是个人的，以自己的收益为核心。

也许有人会问：是不是采购项目的每个采购角色都会有“个人价值”？答案是肯定的。

专业的销售经理就是要满足客户的需求，使采购中的每个人都能同时实现“企业价值”和“个人价值”。

“企业价值”和“个人价值”是有联系的，例如，因为产品质量好，节约了维修成本，收获了“企业价值”，所以得到了董事长的认可，这种认可是职业发展所期待的“个人价值”。

完整地分析客户的采购干系人，要从企业价值和个人价值这两方面进行考虑，找出对方完整而真实的诉求。

这些年来，我都以椅子和椅子上的人这种比喻来引导销售经理进行思考，这种比喻实际上适用于几乎所有的复杂销售，尤其在复杂销售的销售沟通中非常有意义。

要想把采购干系人找全，该从哪里入手呢？我们可以从以下几方面入手，试着归纳出几类不同的椅子。

找到采购干系人并找全，要关注两个指标。

第一个指标：金额。需要关注企业的采购流程。企业往往会有自己的采购管理制度，包括采购金额审批权限的分层设计，比如金额在 50 万元以下时由哪个职位的人终级审批执行；50 万元以上 200 万元以下的时候，由什么职位的人来负责终级审批；超过 200 万元的采购需要一个什么样的审批流程。采购金额是个分析指标，销售经理需要关注这点，采购金额会影响到企业采购流程及采购干系人。

第二个指标：类型。这里是指销售产品类型及采购干系人类型。客户要采购的是什么，由哪些部门进行审批，审批的内容是什么，采购的产品或服务是在什么地方使用，是哪些人员在使用，使用这些产品的部门人员是产品的评判者，还是有人代表他们来参与采购活动的过程，提出采购意见。一般情况下，他们关注产品使用的影响；需要注意的是，这个指标会影响到参与采购的是哪些人，参与者会对采购的产品及服务提出要求，影响最终的选择。销售经理关注并识别出这类采购角色尤为重要，涉及采购干系人的沟通覆盖度。

在复杂销售中，客户方参与采购的角色按关注点及采购任务的职责，可以划分为三个类型，每个采购项目会有这三种类型的负责人，所以我们找到负责这三种类型的采购执行人，就可以帮我们找对采购影响角色。

我们将采购参与者的采购职责以椅子类型的方式来分类，从椅子类型着手，然后再明确坐在椅子上的人是谁。通过椅子的“企业价值”找出角色，再对应人就容易了，然后再探索出他的“个人价值”，通过满足他的“企业价值”和“个人价值”获得他的支持。

在一个复杂销售项目中有多少种类型的椅子呢？有三类：高背椅，做购买决定的人；沙发椅，考虑买什么产品功能的人；红木椅，关注质量、执行采购过程的人。在一个采购项目中三类椅子必然存在，每类椅子都有人坐，至于有多少把椅子，一个人会有几把椅子，这是需要看实际项目情况的，没有固定的标准。

02 高背椅：做出最终决策的人

高背椅象征着权力，坐在高背椅上的是采购流程最后拍板做决策的那个人，有时在采购项目中会以一个决策团队（如总裁会）等形式出现。但实际上，最高采购权力者往往只有一位，不一定是采购企业的董事长或 CEO，但这次采购决策他说了算；也有可能在管理流程上不是最终签字的人，但是对这次采购有绝对管理权。对采购的金额大小，是否要采购，采购什么类型的产品，他都有管理的权力。他还可以直接让采购项目中止，放弃这次采购，所以这种类型的采购决策者不容忽视。有时可能大多数的采购干系人都认可你，但坐在高背椅上的人不认同，也许他只是说了一句话，或者仅仅是摇了摇头，就会让你丢掉这个订单。

大多数情况下高背椅上的人会倾向于目标导向（追求“企业价值”）。他们不想花冤枉钱，他们对采购的看法是这笔花费能带来的收益是什么，投入产出比是否合理。对采购项目考虑的不仅仅是产品功能，更关注产品应用后会有什么样的影响，也会考虑对企业的发展影响和管理的作用，对组织结构的影响，对权力的影响等，从整个公司的角度来分析采购对各个层面的影响程度。

每个采购项目都会有这类椅子和坐在上面的人，能够最终拍板做决策的人，一般来说不会是公司的基层管理人员，要在中上层管理者中寻找，采购金额越大的，可能职位级别就越高。

如果一家公司的领导者把权力上收，决策一支笔（所有项目需要一个人最终签字才有效），一支笔代表着关于采购的任何事项都是由那个人说了算，由他来签字确认，那么销售经理就需要去识别那支笔握在谁的手中。也许我们无法直接识别出采购企业的具体管理者（椅子上的人），但我们可以询问，项目的最终决策人（高背椅）是谁（椅子上面的人），通过椅子找到人，那个就是采购决策者。

企业管理类相关的产品采购，最终审批者往往是高层领导，一般是总经理、董事长或者是总裁级别，因为这类产品会给企业的经营带来重大影响，会影响到企业的管理流程、组织结构。这些事情并不是某一个业务线的主管可以做决策的，大多会影响到其他的部门和组织业务流程。

探寻高背椅的时候，可以这样询问：“您审核没问题后，还需要其他人再审批吗？”，如果回应“是”或“有”，这个决策者就不是坐在高背椅上，还要去探索有哪些人也会参与到采购审批过程中，需要去想办法进行接触，了解他的看法和反应，有策略地进行交流，当我们能探寻到他的关注点的时候，就有可能和他成功建立连接。

有一种情况会让销售经理感到痛苦，那就是最终决策者很难触达，很难和决策者建立联系。

另外，如果客户之前没有购买过相似的产品，没有历史购买过程资料可以参考，就要向上寻找，直到找到最终做决策的那个人，找出那个不需要向其他人请示的人，这个人就是高背椅上的最终决策者。

03 沙发椅：懂业务的人和使用的人

沙发椅是一种关注体验感受的椅子。坐在沙发椅上的就是对使用功能进行评论的人，这类人会关注产品应用。

因为工作流程以及管理的效率问题，有些部门的管理人员会希望能用管理系统来解决问题，或者是优化工作流程，提高管理水平。企业会安排相应人员从使用者的角度来参与采购，考虑在实际应用当中应该选什么样的产品，是否要修改现有的工作流程或方法，是不是要让产品适应当下的工作流程和方法。在信息化系统的采购当中，还有另外一种角色即业务专家，也可能参与这部分工作，他们对产品的相关知识有着自己深刻的了解，在行业领域也拥有足够的经验，往往能够从专业的应用角度对采购的产品进行规划或者选择，这些业务专家本人不一定会使用采购目标产品，但会参与到采购过程中，他们可能是企业内部人员也可能来自企业外部。

产品买来总是需要有人来使用的，这些使用人员代表自然要在购买中对产品的功能、设计、性能和易用性等提出建议，进而影响采购的产品选择。有些销售经理不太重视这些人，认为产品需要什么样的功能由高层管理人员来定，觉得这些坐在沙发椅上的人没多大权力又要求比较多，不想在他们身上耗费太多的时间和精力。有时，即使销售经理想和这类人沟通也并不容易，这类人比较多，也比较有想法。新产品或新方法会影响到他们后续的工作，甚至可能还会影响到他们的权力范围和待遇水平。

他们可能是最关心采购的产品或服务的一群人，毕竟采购的产品或服务是由他们亲身体验的。他们最关心的问题是：这次购买的产品会给我带来什么好处？是提高效率还是增加了工作量？是让操作更简单了还是变得复杂了？是经过简单学习就能上手还是需要努力学习才能胜任？所有这些问题，如果是正向的答案还是可以接受的，如果不是，那可以想象，他们会极力反对，如果还不能阻止，他们就会在采购及应用过程中通过消极表现来表达对产品的不认可。

例如，公司因为某次会议活动计划采购一些服装发给参加会议的人穿，那么到底需要买什么材料的服装？什么价格？什么款式？也许作为销售经理的你会这样想，反正这也是花公司的钱，衣服是大家穿，选择的人当然会认为只要符合预算，越高档越好。

而事实上，并不是所有坐在沙发椅上的人都会这样想。如果按照这样的思路去推销，你会发现有些人会直接反对或消极对抗。作为一个产品的使用者，如果在服装的选择过程中没有向他征求过意见，会导致他有很多想法却没有办法体现出来，当他拿到已经购买的产品时，无论产品怎样他都可能会挑出一些问题。

还有一些人会反对，是因为他不想承担这个选择的责任。因为当评价的人数众多时，很难让所有的人都认同这个结果。这个时候不想承担责任的采购干系人，就会因为担心有人不满意而不愿意提出自己的意见或是做出决定，就会对购买产生消极对抗，或者认为不买才是最好的办法，因此他不会积极地支持销售经理的工作。实际上，在产品投入使用后，这类人对产品的评价也是非常重要的，影响到供应商后续能否继续提供服务。

04 红木椅：技术把关及采购流程执行的人

在复杂销售项目中，常常会有一些人以技术或者流程规则等为依托，以专家或管理者的身份，对采购的产品或服务进行评价审核，这类人就是坐在红木椅上的人，他们会对产品功能以外的部分进行评论（有时也会对功能提出看法）。

他们就像质检员一样，主要责任就是检查某个指标是否合格。他们要检查的项目指标包括技术等级、规格标准、供应商的企业资质以及材料质量等。需要注意的是这些并不是在一个时间点完成的，可能会贯穿整个项目的周期过程。我们可以这样来理解，这类人是采购过程中的把关者，他们代表着标准，他们如果说可以，你就可以进入下一个环节；他们如果说不行、不合格，那么你就被淘汰了。

例如，在信息系统的采购当中常见的技术把关者是 IT 部门的负责人。除了 IT 部门之外，还有采购部、商务部、法律顾问或许连同财务部一起，都属于这一类的审核角色。他们各自在自己的位置上，从自身的角色岗位职责出发，对供应商和产品进行审核。

通过以上描述，我们知道在一个采购项目中坐在红木椅上的人可能会有很多个，他们最大的影响之一就是可以把一部分供应商或产品踢出采购的待选列表中。对于销售经理来讲，他们也可以是非常有效的助攻，能够将竞争对手排除在外。坐在红木椅上的人处理问题往往会“师出有名”，进行审核的每一项内容都有比较清晰的指标或标准，以此做出评判。在指标明确之前，他们的权力是非常大的，因为他们是制定评估指标的人，一旦指标明确之后，其他人也可以按照评估指标来进行决策，这时他们的工作量相应也会降低，影响力也会下降。

坐在红木椅上的人经常会在销售经理面前表现出能够掌控一切的样子，而事实上他们不一定能做到。在有些情况下，企业采购中的审核者也可能来自于企业的外部，例如社会的知名人士、行业领域的专家都可能坐在这把红木椅上。

从采购阶段考虑，实际上每个阶段都会有坐在红木椅上的人参与，只是有时并不太明显，因为这类人有时会在同一采购阶段坐在多把不同类型的椅子上，由于其职位的原因，会让销售经理误判，会忽略他还有另一把椅子。

销售经理要关注采购方以下部门的人员，这些部门的人员在采购过程中都有可坐在红木椅上，在沟通中要小心把握。

采购部、IT 部、技术部、招投标的机构（商务部门）、办公室，其他的流程实施部门人员。

05 倒 Y 形采购角色识别法

在一个采购项目中，要找到项目中的所有采购干系人，也许无法实现，但找到了一类中的一个人，进而找出其他承担同类任务的采购干系人也就不是问题了，毕竟一个采购项目中的采购人员是要协作配合的。

要找全所有的采购干系人，可以使用倒 Y 形采购角色识别方法。首先，画一个倒 Y 形图（见下图），然后将每一个维度的干系人类型标出来，将已经拜访过或了解但没有联系到的客户都分别按类型填到每个相应的位置上，把能探寻到的人都填进去。看着填过的图，你就会有种一目了然的感觉。如果三个维度里有空白的部分，这意味着什么？这代表你对采购干系人的接触覆盖度不全。

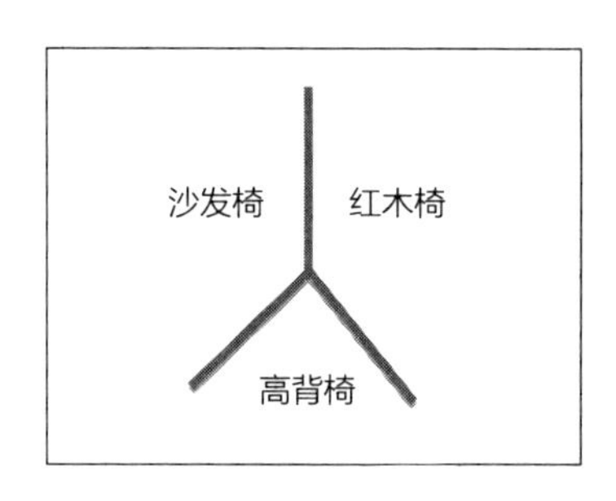

找到了椅子上应该坐着的客户方具体人员之后，你要开始不停地问自己一个问题，还有谁也坐在这类椅子上呢？再寻找并识别，然后填到 Y 形图的相应维度中。三种类型的椅子都要有一个以上具体的人员，也就是说找到三类采购角色。

要保证至少每类椅子上有一个人，具体人数要看项目情况，有时也许就是一个人（从管理的角度看，有时每类椅子都有一个最高管理级别的人存在，有可能这个人的决策会受其他人的影响）。

倒 Y 形图上半部分的两类椅子上的人会给我们一种感觉，如果只能有一个选择，那就不是东风压倒西风，就是西风压了东风，能胜出的一方所支持的供应商就会获得这个采购订单，所以大多数销售经理会努力获得两方的支持，尽量获得更多人的支持，如果支持自己的一方明显占有优势的时候，销售经理就会感到踏实，赢得竞争的机会大了许多；相反，如果支持自己的一方明显处于劣势的时候，销售经理就会比较焦虑，感觉丢掉这个项目的概率非常大，这些判断会影响到销售经理对项目投入精力以及继续努力的积极性。

再看看图中下半部分的高背椅维度，坐在高背椅上的人的决策选择，对销售竞争局势的影响非常大，从图中可以看出，底部动了，上面的部分也会随之而动，如果底部保持不动，上面左右两侧的推动力就决定了倾斜的方向。

需要注意，一个人可能此时坐在这类椅子上，过段时间又坐在了另一类椅子上；也可能是一个人在一个时间段中既坐了红木椅，也坐着沙发椅。无论哪种情况，往往他的“企业价值”和“个人价值”都是相互支撑的，他的关注点往往在“企业价值”上，“个人价值”有时会随着“企业价值”的达成而满足。在一个采购项目中，三类椅子中的每类都可能会有多把，但其中高背椅实际上是可以对采购决策“一锤定音”的，在有的项目中会有阶段性的“高背椅”出现，在分析时可以将其归类为红木椅。

第五章 做对事：支持决策的识别与分析

销售经理常常会遇到这样的情况：在向客户推销某一产品或服务方案时，最初时客户多数是不感兴趣的。但是，当销售经理请来的售前专家或顾问同客户交流需求，阐述产品或服务的价值，将产品解决方案提供给客户的时候，客户的反应就不一样了，开始变得积极了，并且期待解决方案应用后的情境，开始认可方案的价值了。

销售经理看了售前专家或顾问使用的产品或服务方案内容，大多会感觉奇怪：这和自己讲的也没有什么区别啊，内容还是那些内容，自己也介绍得很清楚，可客户一直抗拒，怎么这就忽然转变了看法呢？实际上，售前专家或顾问只是换了一种方案介绍方式，有针对性地设计了一些描述的侧重点，就让客户认同了方案的价值，对这个产品或服务方案的反应（反应类型）产生了变化，将客户的需求愿景激发了出来。

在客户不太关注产品或服务方案时，一些资深的售前咨询专家或顾问会很快调整沟通策略，通过问题进行客户需求的探索挖掘，让客户从消极的模式转变为积极模式。我记得有种说服的方法叫“七次成功法”，说的是当一个人认可性地表达了六次以上后，在第七次表达时会延续认可性的思维逻辑，观点就会转变。对于这个方法我没有找到理论依据，但在实践中，受到时间和认知方式的影响，人的观点的转变的确需要时间，有时需要的时间很长，有时又很短。当信息通过各种方式传递过来，总会有信息被你接收到，如果信息被确认、被认可，就会影响到你的行为。

用行为理论分析客户行为

美国心理学家托尔曼是新行为主义的主要代表人物，他的目的行为主义研究理论得到了众多心理学研究者的认可。他认为动物通过学习可以形成对未来事件的意义认识，表现出对未来事件的预先认知或推测。这种学习可以由三类不同的情境或条件引起，因而也就形成了三种类型的期待，分别是：记忆性期待（过去），指的是由于过去的经验而导致的对某一事件发生的可能性的期待；感知性期待（当下），指由当前目标物的直接刺激而引起的期待；推理性期待（未来），是指由以往经验和目标物的当前刺激综合作用而产生的对未来事件的期待。

影响行为的 ABC 理论

有时我们会遇到这样一种情况，在和不同岗位的客户进行角色沟通的时候，这些人对计划采购这件事，以及如何看待采购目标产品本身的反应各不相同。有的时候即使顾问、专家竭尽全力，以非常专业和清晰的方式向对方阐明产品方案对其企业的价值，给企业带来的经营发展的作用，可还是会有不少人会找出很多理由来反对采购事件，或者是以无所谓的态度来看待是否应该采购。你会感觉无法说服对方支持这次采购。

行为理论对这种现象有一些诠释，此类事情发生的根源在于人们的信念（信念是指人们对事件的想法、解释和评价等），而信念也是人的一种心智模式。人的信念会影响到他的具体行为。

认知改变行为

ABC 理论是美国著名心理学家阿尔伯特·艾利斯于 20 世纪 50 年代提出的，他认为让人们产生情绪困扰的并不是外界发生的事件，而是人们对事件的态度、看法和评价等认知内容，因此不要致力于改变外界事件，而是应该改变人们的认知，通过改变人们的认知，进而改变人们的行为。

这个理论认为激发事件 A（Activating event）只是引发情绪和行为后果 C（Consequence）的间接原因，而引起 C 的直接原因，则是个体对激发事件 A 的认知和评价而产生的信念 B（Belief），因此这个理论被称为 ABC 理论（见下图）。

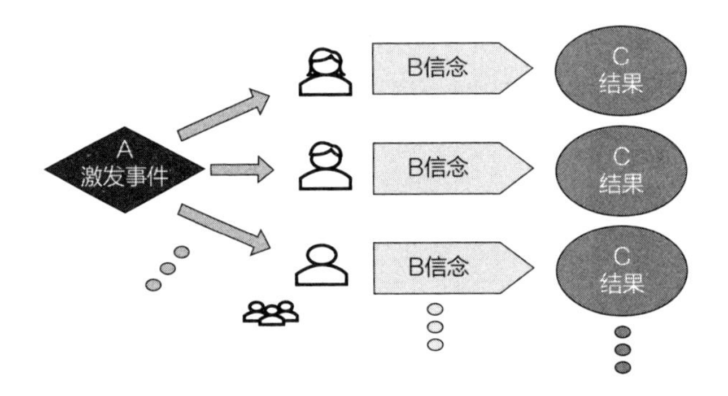

人们的情绪及行为反应与人们对事物的想法、看法有关。在这些想法和看法背后，有着人们对一类事物的共同看法，这就是信念。

ABC 理论说明了人们对同一事件有不同反应的原因。有时候，对方的信念所引发的行为不是我们所期望的，并且会阻碍我们去实现目标。但如果他的信念所引发的行为符合我们的预期，那我们就可以采用激发兴趣及过程引导的方式和他进行深层次的交流。如果我们能够了解对方的心智模式，在深入分析后，采用适当的方式与其进行有针对性的沟通，那会非常有成效。

例如，某企业老总想上线CRM。IT部的总监的想法是："公司今年没有给我们增加人员编制，预算也不多，就算能够因为这个系统增加预算，也不会增加多少，反而会因为这个系统的运营带给我们很多额外的工作，现在的工作已经很多了，还要上什么CRM？其实CRM对公司的销售业绩并不会产生多大影响。"

销售总监对这件事情的想法是："太好了，很期待！对于整个销售业绩的预测，我们一直都很难做到准确，在销售管理过程中我们也没有办法对所有项目和客户的信息进行分析，有了系统之后我们就可以客观地记录信息，从而帮助销售经理赢得订单。我得参与这个采购过程，提些我的建议。"

上述两种不同的想法会导致两种不同的情绪和行为反应，人的情绪及行为反应与人们对事物的看法有直接的关系。

常常在有问题需要解决时，我们会认为，思考是我们对特定情境的情绪反应的主要决定因素。实际上，有时事情发生的时间非常短，无法让人有充分的时间思考，就没有办法做出合理反应，这时工具模型就很重要了，有效的思维工具模型可以让我们不需太多试错，就可以选择较为合适的方法，这样，达成目标就只剩下技巧问题了。

01 用ABC理论识别决策者的反应类型

从ABC理论中我们知道，一个人会根据自己的认知和评价对一件事情产生情绪反应和行为方式，状态可能是积极的，也可能是消极的。随着时间的推移和对新的信息的了解，人的状态有可能发生改变。不同的人对同样一件事，反应类型可能是不同的。

不同的采购干系人对采购项目的看法也许并不相同，这影响了他们对采购任务的重视程度和采购相关工作的执行方式。

根据对采购目标的认同度（积极性和支持度）可以将客户的反应类型分为四种（见下图），销售经理可以对采购企业的每个采购干系人都按这样的方式进行分类，然后对每类反应的采购干系人采用不同的沟通策略。

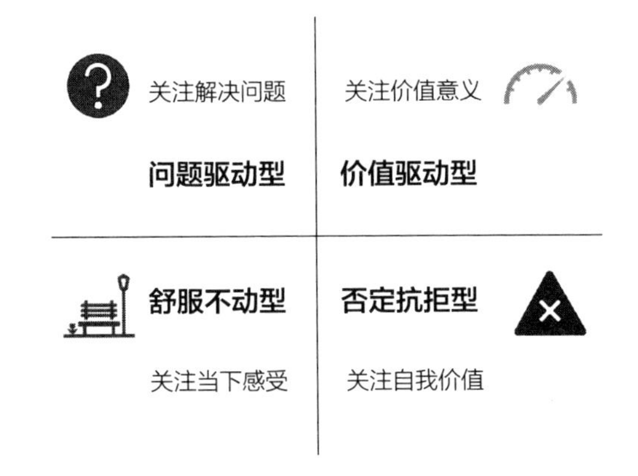

销售经理在了解客户采购信息的时候就要有意识地识别客户的采购反应类型，通过客户对这次采购的看法了解客户，理解客户的语言、行为和态度。

客户的购买行为，也意味着客户在做改变的打算。例如，我现在买了一个新的真无线的蓝牙耳机，那就意味着我不想再使用旧的有线耳机了。客户现在要购买一个新的无线的投屏系统，那就意味着旧的投屏系统不适用了。客户如果更喜欢旧的方式，就不会支持购买新的产品或影响到对新产品使用感受。

从应用层面看，购买产品对产品使用人员来说，就是一种变革，如果他们对变革并不支持，就会成为销售经理推销产品、成功签订的障碍之一。

价值驱动型

这种反应类型的采购干系人当下的感觉还不错，会时刻准备改善自己的工作成效，他们会对销售经理介绍的产品或服务方案表现出浓厚的兴趣，能接受对改善工作成果的建议。总体来说，这种反应类型是很受销售经理喜欢的，因为他们已经准备好了优化性的购买，只是买谁家的、买什么东西还没有确定。

这种反应类型的状态是：我现在的感觉很好，如果能够更好，那是非常理想的，期待能有更好的选择。

问题驱动型

这种反应类型的采购干系人就像突然掉进深坑里，想爬上来，这个困难往往是突然出现的，必须想办法赶快解决。这种反应类型的客户关注的重点是尽快解决当前重要的问题，其他的事情可以先放一边，包括价格。

重要的是解决问题，和他讨论其他的事情，他都会不太感兴趣。就像一个人丢过一只羊，然后希望以后不要再丢了，因此他关注的是，如何能保证不再丢羊的解决方案，他的聚焦点在于这个方案真的能够解决丢羊问题吗？如果不能解决，就放到一边，继续寻找能解决问题的方案。对非问题相关的解决方案，他的关注度较低，即使你提出了再有价值的解决方案，可能对他也不会有吸引力。更重要的是他的衡量标准、方案的选择、评测的指标，会聚焦在是否解决了问题这个层面，如果不能够达成这个效果的话，就会被他忽视。

舒服不动型

这种反应类型的采购干系人并没有看到当下有什么问题，当下感觉比较舒服，没有转变的动力。这种反应类型的采购干系人会希望继续保持这种状态。当我们让他做任何改变的时候，他的回应就是：没必要。

可以想象一下，如果你让他离开舒适区，改变当下的舒服状态，用什么样的方式才可以做到呢？是给他价值的诱惑呢，还是让他意识到存在问题呢？实际上这两种方式都是可以做到的。让他发现问题会更容易实现，人们经常是因为有问题才会行动起来去寻找答案解决问题。

否定抗拒型

这种反应类型的采购干系人认为现在的工作方法、工作状态、工作环境等都非常棒，所以应该保持下去。就算要变化也是自己的解决方案才是最好的，其他的都不行。

基于这种想法，他们对变革的态度是：为什么让我做出改变？真的很不理解这种要求。

在和这种反应类型的人争论时，他会想一切办法证明他是正确的。

人们对同一件事情的看法会有不同

举个例子来说明对同一件事情的四种不同的反应方式。一家企业在日常管理中，根据出勤情况发放员工的工资，对于员工的考勤报表，一直是由员工的直接主管按月报给人事部门，人事部门在做薪资表时只看部门管理者提交的考勤报表，对于实际出勤情况如何，人事部门的人员并不关注，也不考虑员工的具体工作成果。

一位新主管上任了，他要发布一个新的考勤制度，要求大家每天必须打卡签到，按实际打卡的数据来记录出勤，发放工资。对于他的这种方案，按照对反应类型的分析，员工们可能会有四种反应。

A 类，赞同，认为这样很公正，能真实体现出大家的出勤情况，以此发工资比较合理，这种就是价值驱动的反应，看到了新方案的优点。B 类可能会说，太好了，这种方式能解决当下的问题；或表态说，是应该改变了，不过这种方式真的能解决实际问题吗？这是两种不同的表态，但都属一种反应类型，都在关注问题，对方案能否解决问题有各自的判断，这类就是问题驱动类型。C 类说，现在麻烦了，以前多方便，实际上这种改变没什么用，就是想通过这个让我们受约束，没意义。这种就是舒服不动型的反应。D 类说，好好的企业，本来发展很好的，这么搞下去，不就完了？真的太不像话了，别让我参与，我不想改考勤方式，我期望还是按以前的方式考勤。这种反应就是否定抗拒型。

如果你在这家公司工作，你会是什么反应呢？相信答案会在四类中的某一类中。通过类似的具体的感受，可以判断出人们对这件事情是什么样的看法，也就会预判与事务相关的可能行为，或通过对此事务的相关行为反应，分析他的看法，有助于我们理解一个人对事件的态度和参与相关任务的行为表现。这些理论依据可以帮助销售经理对客户的采购项目相关认知（情绪和反应行为）有一些了解。设想一下，一个专业的销售经理应该如何和客户沟通才能让客户支持采购，和客户协同推进采购进度呢？用什么样的方式、方法才会有比较好的效果？

在不同的时间段，人们对同一件事的看法也可能不同

当销售经理推销产品方案给客户时，客户会将当下的现实状况和销售经理所提供的方案进行比较，这个方案必然会给他带来一种变化。可能会让他的权力产生变化，也许对他的能力有提高性的要求，需要他去学习新的知识、新的方法，也许让他的组织影响力产生了变化，也许让他的工作效率产生了变化。他对于这种变化的看法决定了他对购买这个产品或服务方案的反应方式。

如果一个客户对现在的工作状态非常满意，我们希望能够给他提供一种新工具或新流程，让他改变当下的工作方式，可想而知，他会怎样来对待这件事情。在这种情况下，他怎么会支持这个采购项目呢！当然，如果销售经理在尽量早些的时候，帮助客户转变观点，让他看到了新工具、新方法的价

值，让他认为新工具和方法比现在的工具方法更好，那就是另外一种反应方式了（见下图）。有了变革的价值和意义，成为价值驱动的反应类型。要知道，这种反应方式才是销售经理所期待的。

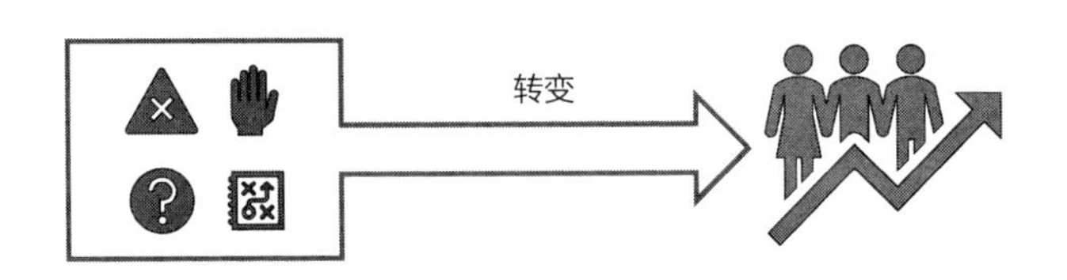

销售经理需要去了解客户的反应方式，对于采购干系人的一些行为，不仅仅是要识别出现这种行为的原因，同时还需要去对应对销售不利的反应类型。反应类型并不是人类性格中的常态，不能以性格分类来定义，随着时间的推移，对新信息的了解，相应的反应类型也会发生变化。

有些销售经理非常讲究销售技巧和方法，初次拜访客户时，会探寻客户对这件采购项目的重视度，客户是不是表示出很重视，或者是业务分管总裁是否要介入采购，参与度有多大。要了解对方想要的结果是什么，需要提供一个能够满足对方期望的、合理的方案。

02 信息的 3 种分类

角色分类

销售经理联系到客户后，通过商务拜访进行销售沟通，在沟通中寻找销售机会，通过获得的信息分析项目状况。在制定销售策略时，需要用亲密度和支持角色分类对获得的信息进行分类，以便能准确识别信息的真实性和价值。在复杂销售中将获得的客户采购相关信息进行分类识别是非常重要的，也是必要的。

获得客户采购信息并不容易，但这是销售经理的任务之一。为了了解客户的采购情况，识别客户采购干系人的状态，销售经理可以将能提供信息的人分成 3 类，分类的意义是进行信息可信度、可靠度识别分析。只有了解正确的采购信息才有价值。

第一类，关系友好者。对销售经理态度友好的采购企业内部人员，这类人不一定有太高的职位，可能也不知道或没有办法获得一些相关的采购信息，但是他会将自己能了解到的信息和销售经理分享。

第二类，能力认可者。采购企业中认可销售经理本人或公司的人，在采购选择中，信任销售经理。可能他的职位不高，权力不大，不了解所有的采购项目信息。

第三类，采购支持者，认可销售经理所提供的产品或服务解决方案的价值，承认其优于其他供应商，认为同其他的供应商相比，销售经理这方是最好的选择。

这 3 类角色销售经理都需要去建立关系。其中能够直接影响到销售项目成功与否的重要信息源是第三类的支持者，除了能够了解项目的进展情况，由于其职位及影响力的原因，还能够影响到项目的各种采购相关决策。销售经理需要准确地识别出哪些人能够做到这一点，然后从中寻找一些对自己比较认可的，想办法发展成为支持自己的人。

信息是真的还是假的

不同类型的信息提供者可以提供不同的信息给销售经理，如果销售经理直接使用这些信息来进行项目的预测分析，会有些风险，原因是已获得的项目信息，有的信息是真的，有的是假的。有些信息不需要验证就可以使用，有些信息需要进行真实性的验证才可以使用。一些客户内部的信息可能同采购没有直接的相关性，也许不是有价值的，但对我们会有间接的帮助。

在使用信息时，将获得的客户信息从信任关系的角度分类，将不同信任度的信息通过有效的方式“加工处理”为可用的信息。

一个简单有效的方法是将信息分成三类：真信息，假信息，真的假信息。

最简单的一类是，真信息（可信信息），是客户实际采购状态的真实描述，是同采购相关的各种实际状况的说明。这类信息有几种来源，一种是采购企业的官方通告，是企业的正式通知。比如投标的时间、投标的要求等。这种信息往往真实性较高。还有一种是可信度较高的，是采购干系人提供的信息，如果经过二次验证，从采购方其他人员那里获得相同的说法，那么这个信息也是真实的。

需要注意关系友好者的信息要进行二次验证，以保证信息的准确性。通常能力认可者和采购支持者的信息可以相信，有些情况下也需要再次验证。当然，所有的信息最好都要验证，考虑操作的成本及时间问题，在相互信任度较高的情况下，不进行验证也是常有的事。

第二类是假信息（不可信信息）。例如，客户方的某个角色为了获得销售经理的重视或由于其他原因，有时会搞出一堆信息给销售经理。如果事后被证实是假的，他也会表示：“那是我听说的，我也不知道是错误的。”

这种情况往往会出现在友好关系者这种信息来源上，尤其需要关注。能力认可者在采购中出于立场的原因，可能也会传递假信息。

第三类是让人比较头疼的，真的假信息，就是传递信息的人以为是真的信息，但其实是假信息，但他不知道；或者他对信息的理解不对，在描述的时候已经偏离了原意，这会误导销售经理。实际上，传递信息的人不知道信息已经“失真”，他自己认为信息是真实的。

这种情况的出现常常和人们的沟通模式有关。例如，在信息传递的过程中，有一个说的人叫A，有一个听的人叫B，要表达的信息如果标记为X，在A向B传递X的时候，会用自己的描述句式，对X的理解和描述用词，是由A的词汇掌握和表达逻辑能力决定的。A在说出X时，可以理解为是A的X，AX。这时B听到了AX，在听的过程中，B需要理解这些信息，理解情况同B的词汇掌握和理解能力有关。B收到的就是B的AX，也就是BAX。信息X从A这里传到B那里就已经变为BAX，也许这时信息X和BAX已经不是相同的信息了。

销售经理要尽量从客户那里获得尽可能多的采购相关信息，这就需要尽可能多的提供信息的人。为了获得更多的信息，销售经理最好和每个可以接触的采购企业人员都能较好地交流，基于友好关系才有机会获得更多的信息，并验证可能的假信息，才能尽量减少信息遗漏，从获得的客户采购信息中了解项目的进展，分析自己的产品或服务方案在客户采购需求方面的优劣情况，识别关键采购决策人员对采购供应商的看法，了解各供应商产品或服务方案间的竞争态势。

验证信息

验证信息的真实性是必要的，销售经理需要多方验证收到的采购相关信息，通过各种对比识别出真实的信息。

许多销售经理会依据个人的看法对从客户那里获得的信息进行真假判断。正如ABC理论指出的那样，信息是客观存在的。销售经理自身对信息的看法，对提供信息的客户有不一样的认知导致了对信息的主观判断。对信息进行真实性的判断，需要通过验证的方式。

如果对信息进行判断，判断的主观过程和猜测相似，根据相同的信息来源以及对客户当事人的印象看法来猜测信息的真实性，实际上这种猜测是没有科学依据的。记得有人说过，“90%的猜测都是错误的”。有的时候猜测是正确的，但是概率很低。

为了能客观有效地识别信息，我们尽量不使用猜测的方法，不用感受类的方式来识别信息，根据自己的想象、看法，自身的经验和主观的臆断来猜测信息，这是相当危险的一件事情。如果销售经理以这样的方式了解信息，一旦发生了对信息的误解或做出错误的判断，根据这样的信息做出的销售策略带来的后果可想而知。

验证客户的采购项目信息，先要对传递信息的客户进行分类：这个客户和我们的关系如何？他传递的信息是可靠的吗？一般来说，客户那里能够和我们接触的人可以分成三类：

第一类是反对我们的人。他们的信息我们一般不会相信，或者即使是正确的信息，但对我们不一定会有太大的价值。

第二类是支持我们的人。支持我们的人会将真实的信息传递给我们，同时我们也要注意，如果他传递来的信息是真的假信息，也会影响我们的判断，所以对于支持我们的人需要客观了解他的信息是否可靠。

第三类传递给我们信息的人是中立者。中立者会用相同的态度和所有的供应商代表进行沟通，不倾向于任何一方，他们只是在完成自己的工作。例如，在采购执行中商务部门的人可能会通知所有的供应商需要在什么时间准备什么样的材料，侧重点在哪里等。

如果销售经理误解了中立者传递信息的原因，因为对方提醒自己应该重点考虑哪些方面，就误以为对方是支持自己的，就会产生错误的判断。有些中立者对谁都是公事公办的态度，在这种情况下销售经理反而不会出现错误的理解，所以说中立者是有很大的隐蔽性的。

我们要想识别出信息是否可靠，就要先区分传递信息的人是哪一类人：是支持我们的人，是中立者，还是反对我们的人？中立者和支持我们的人，相对于反对我们的人提供的信息更可靠一点，但我们没有办法确认支持我们的人是否传递了真的假信息，所以就需要销售经理进行扩展性的验证，验证的方法就是在和客户建立沟通连接的时候，至少要和三个以上的客户代表进行沟通，并且都是能够从对方那里获得信息的友好关系者。可以分别和这三个客户代表沟通，用比较巧妙的方式来验证信息是否一致，如果信息一致的话，可以相信这条信息就是真实的，所以说多方打听是一个非常有效的方式。

03 如何用数据评估支持程度

客户对每个供应商的产品都支持，那这种情况下的支持会有什么不同呢？销售高手会对客户的支持程度（力度）进行度量，以便能更好地分析当下的竞争态势。如何度量呢？这里依然要求以真实情况为依据。关于直觉的部分，这里不做更多解释。

为了能够简化这个过程，我们可以把支持程度分成大力支持、支持、感兴趣、中立、不感兴趣、负面评价、抵制抗拒这 7 个级别。

1. 大力支持。客户公开地表现出认可我们的产品或服务方案的优势，明确地提出了倾向于选择我们，这就定义为大力支持。
2. 支持。客户私下表达支持我们，这就定义为支持。
3. 感兴趣。客户愿意和我们聊，还提出了很多问题，这就定义为感兴趣。
4. 中立。客户表现出公事公办、不远不近的态度，这就定义为中立。
5. 不感兴趣。客户拒绝和我们沟通交流，以太忙等为借口，这就定义为不感兴趣。
6. 负面评价。客户表达出对产品或服务方案的疑惑或者是功能应用上的顾虑，认为不符合采购需求，这就定义为反对。

7. 抵制抗拒。客户明确地提出对其他竞争对手的产品的认可，对我们的产品表达出负面的评价，这就定义为抵制抗拒。

数字和信息的匹配

对支持程度的衡量我们使用数字从 3 到 −3 进行标记，大力支持我们标记为 3 分，支持标记为 2 分，感兴趣标记为 1 分，中立标记为 0 分，不感兴趣标记为 −1 分，负面评价标记为 −2 分，抵制抗拒标记为 −3 分。详细情况见下表。

	支持采购目标	认可公司品牌	信任销售经理	支持产品或服务方案
大力支持（3分）	积极主动参与过程事件，主动推动和组织相关事件	对公司非常认可，公开表达出正面评价，认可公司产品	主动提供建议，有问必答，愿意配合销售经理	公开认可公司的产品或服务方案优势，明确表达认同
支持（2分）	主动参与过程事件，有想法，热情	表达了认可公司的品牌形象	愿意回答问题，能给予一些建议	认可公司的产品或服务方案的优势
感兴趣（1分）	对采购的事比较有热情，会问问题	想了解公司的情况，提出一些了解性的问题	愿意沟通，能找到沟通话题，能安排时间沟通	愿意聊，会有很多的问题
中立（0分）	配合做事，但不主动、不积极	对公司没有评价，或客观地说一下实际情况	公事公办，没有过多的情感交流	只是客观提问，没有认同或否定
不感兴趣（-1分）	对采购的事不关注，遇事推诿，不重视	对公司话题没兴趣，不关注	对销售经理的沟通不感兴趣，不想聊	客户不愿意讨论有关产品或服务方案的情况
负面评价（-2分）	对采购不认可，有负面的评价	对公司有负面评价	对销售经理的某种行为和语言表达出不满	客户表达出对产品或服务方案的异议或者是其他功能应用上的顾虑
抵制抗拒（-3分）	对采购的事反对，不配合，抗拒相关的任务	表达出不认可，认可其他公司	直面拒绝销售经理的建议，不接受销售经理的拜访，态度冷淡或反感	客户明确表现出认可竞争对手的产品，对我们的产品进行负面评价

打分是为了更直接地进行分析和制定销售规划。当我们将一个项目所有的采购干系人对采购相关事务的看法和表现进行搜集并记录后，可以制定出一个采购干系人支持度分析表（见下表），这也有助于销售经理从中发现有些采购干系人，还没有接触或者并不了解他的信息和态度，这个过程会将这些问题凸显出来。

岗位 / 姓名	支持采购目标	信任公司品牌	支持销售经理	支持产品 / 服务方案

有时我们不一定能将表中的所有信息都填满，如果有不了解或无法确认的，可以标记为 −3，这样可以让分析的结果更有保障。有了初步的分析数据之后，销售经理要再三问自己：这些信息是自己的想法还是从客户那获得的？可靠程度如何？是否已经验证过了真假？用问题检查清单的方式验证信息的正确性，可以保证分析的结果真实有效。

1. 这是客户的真实表达还是特定情景下的应对措施？
2. 这是哪类的信息来源？需要如何验证信息？
3. 这是实际发生的吗？证据是什么？
4. 这是我自己的想法还是客户给我的信息？验证过了吗？
5. 如果是间接获得的信息，信息传递者有没有可能理解错误？是不是真实情况？

04 找到支持依据

有位销售经理和我分享过他的成长经历。当时他刚做销售经理没多久，就拜访了一个客户的部门主管。他向客户表明了自己是 ×× 公司的直销经理，希望沟通一下客户的信息化情况，看看是否有合作的可能。客户对他的态度特别好，双方交流得很愉快。他特别提到了最后在告别时，客户还把他送到了办公楼大门口。在这次拜访中，客户的态度和表现远远超出他的预期，他开心极了。回到公司之后，他非常兴奋地将这个好消息汇报给了自己的主管。他认为和这个客户成交的机会很大，便申请在公司的销售管理系统中对这个项目进行立项。

没想到主管却平静地和他讲："哦，不错，你再了解了解，多沟通沟通。"他很不理解主管的反应。接下来他又和这个客户聊了几次，每一次都聊得很愉快，但始终没有什么进展。直到过了许久后他才知道，主管当时没有直接告诉他这个项目没有立项迹象，是希望他能够自己悟出这类情况，为后续的销售判断打好基础。有些客户是非常喜欢社交活动的，愿意和他们认可的公司的人多交流，多了解一些行业信息，拓展自己的社交渠道，这和能不能立项、能不能采购没有必然的联系。

在销售过程中，我们需要用一种方法来识别客户对我们友好的原因。如果这种友好是一种支持态度，那么我们需要识别出客户支持的到底是什么。这对我们进行项目的销售判断是非常重要的，我们需要根据客户支持的情况来规划下一步任务，如何与这个支持者合作，达成我们的目标。

我们可以将客户的支持方向分成四类进行分析：

1. 对公司品牌的支持；

2. 对采购项目的支持；

3. 对销售经理个人的支持；

4. 对供应商产品或服务方案的支持。

像这位销售经理分享的拜访情况，我们可以觉察出客户可能是对公司品牌支持，因为客户接受了拜访请求并和销售经理进行了良好沟通。而后续能继续同意销售经理的几次连续拜访，表明客户对我们的销售经理这个人还是比较认可的。也许你会有一个疑问，假如客户对销售经理个人比较认可，那为什么他没有直接推进采购项目呢？这涉及支持程度的问题。

客户是不是支持这个销售经理个人，可以简单理解为对销售经理这个人的看法，包括了情感上的喜好、专业上的认同、能力上的信任。例如，该公司对销售经理有个要求，叫丢项目不丢客户，你可以丢掉这个采购项目的订单，但是不能丢掉这个客户，免得后期不能再进行合作。

要和客户一直保持良好的关系，这其中有两层意思。第一，友好的客户关系，不一定能够获得客户所有方面的能力认同，获得客户所有的采购订单。第二，一个好的销售经理，应该把客户和自己的关系分成两个部分：友好合作关系和购买合作关系。所谓丢项目不丢客户，丢项目指的是这一次的购买合作没有达成，不丢客户指的是在没有成交项目的情况下，依然和客户保持了友好关系，可以争取下一次的合作机会，拥有长期合作的基础。当注意到了这两种关系的不同时，销售经理才能够成为真正的大客户经理，助力公司成为客户信任的长期合作伙伴。

有些采购方人员愿意投入时间和精力参与公司的采购任务，对销售经理的拜访也表现出合作的态度。出现这种情况，可能是因为这些人对这次公司的采购目标结果有期望，可能是因为这些人感觉当下的工作情况不错，同时，他也有意识地关注如何改进自己的工作效率、方法和工作技巧等，他们对销售经理推销的产品或服务方案的价值点有兴趣，会关注价值有多大，在满意的情况下，会接受改善工作绩效等方面的优化建议。也可能是因为客户在工作中发现了问题，这时他的情绪状态也许会有变化，表现为焦虑或担忧等。他会关注如何解决这个问题，这个问题往往是突然发生并有显性危害的，例如，公司的产品销量突然持续增长，生产任务开始变得越来越繁重，产能不足，难以满足销售需求，必须想办法解决生产力问题，按销售量完成产品的生产。这时的客户管理人员会关注并寻找能尽快解决当前问题的方法，他们对销售经理推荐的产品或服务方案是否能解决增产问题非常关注，相比之下，其他的都不是最重要的，包括供应商品牌、产品价格等问题。在这类情形下，客户会强烈支持公司进行采购，解决当下的问题，规避问题发生所带来的风险。

当我们发现客户公开表达出对我们公司的认可，说出类似于“××公司还是不错的，是上市公司，在企业信息化方面很有经验、有实力，同等条件下，我们当然愿意和××公司合作了”这样的话时，就可以初步判断客户对公司是认可的，认可公司成为他的供应商的意愿大于其他供应商，这是公司品牌获得的支持。许多有过销售项目经验的人，可能已经发现了这一点，这带给销售的帮助非常大。有的销售经理会在和客户最初接触的时候强调，我们是××公司的直销团队，这种强调其实就是在利用品牌的影响力获得客户的认同，增加成交的机会。

我们来看一个案例。有个客户和××集团的一家地区分公司的销售经理沟通，希望和该分公司合作，想和公司高管见面聊一下战略合作的方向。这是有助于销售的好事情，销售经理组织了一次正式的交流会，邀请了客户和公司的一位高管见面，研讨客户的产品规划及战略合作的方向。在会后，客户的一名管理人员对××集团的高层说了这样一句话：“在没有开这个会之前，我一直认为你们是一家非常专业的公司，有经验，有能力。参加了这个会啊，我忽然有点担心了。”

这位高管听完之后面红耳赤，他这样跟我讲："东升老师啊，其实我和客户的感觉是一样的，这次的会议太不成功了，流程不专业，主持人的表达也没什么逻辑，我自己都觉得很差。"

后来了解客户是很希望和分公司合作的，但是因为担心分公司没有足够的人力资源和其他资源来完成他们的项目，这一次就先不合作了。从那以后，这位高管非常重视销售经理的综合能力问题，组织了包括如何组织一次讨论会等各种内容的能力提升培训。

要知道，当客户支持供应商的时候，就代表他对供应商有了一定的了解和认知，这种了解和认识往往都是正面的。而在和供应商代表沟通交流的时候，客户的期望会比较高，在发现供应商代表的表现并没有他想象中的那么专业、和他的期望不符时，客户就会对此产生怀疑。

案例中还是出现了一种比较好的结果，客户还是认可公司实力的，只是认为公司没有调配有能力的专家来为他们这次的采购项目服务。那么，不好的结果是什么？客户有了认知上的变化，从最初的认可变为不认可了。认可一家公司时，客户会有一个想象的目标形象及能力标准，而不认可的一个原因就是认知中的形象被现实表现打破了。

在供应商给采购企业提供了匹配需求的产品或服务解决方案后，采购企业如果能和某一个供应商达成一致，意味着采购企业认可这个供应商产品或服务方案的竞争优势。当这个优势被供应商放大、强化的时候，这个供应商的产品或服务方案就会被采购企业认定为采购标准，采购企业更倾向这个公司，支持这个公司的产品或服务方案作为采购目标。那么，支持产品或服务方案和支持公司与支持销售经理这个人有什么不同呢？客户可能非常认可供应商实力，也认可产品或服务方案，但是不认可公司所安排的对接人——销售经理，他不愿意和这个销售经理合作，对其个人的看法不佳，那结果会怎样呢？如果客户有沟通的途径，会想办法反映这个事情，希望公司换一个销售经理。如果没有这个途径，他就有可能在采购过程中，比如在采购商务条款上，要求得非常严苛，用规则来保证采购的成功，规避风险。这会给销售的推进造成极大的阻碍，解决这个问题可能需要做出商务上的让步，比如增加实施条款中的功能或服务项目。

客户支持分类的识别要点

了解了支持的四种类型，接下来我们需要考虑怎样来识别客户是否支持，支持什么。著名的心理学家荣格对人的决策判断进行了研究，他认为，感知和判断是大脑的两大基本功能。大脑做决定的瞬间可以分解为两个阶段：感知阶段（又分为触觉感知阶段和直觉感知阶段）和判断阶段（又分为感性判断阶段和理性判断阶段）。为方便理解，我们把大脑做出决定的瞬间直观想象为如下过程：（大脑获取信息后）触觉感知——直觉感知——感性判断——理性判断——做出决定。

实际上这一过程中的几个动作是在瞬间交织（并非想象中简单的线性）完成的。我们可以理解为：了解信息，进行决策。了解信息就是荣格说的感知阶段，进行决策就是判断阶段。人们是根据了解的信息来进行判断、做出决策的，销售经理可以根据这个理论来找出客户支持程度的识别和判断方法，找到那些支持自己做判断的信息。

是主观的还是客观的

这里为了让分析可以更加精确，我们将直觉先放到一边，去关注触觉感知阶段，它包括了我们的五感信息识别。我们看到了什么、听到了什么，就是指客户说了些什么、做了些什么。根据客户所说的、所做的来进行支持分类和支持程度识别。

例如，采购企业的财务总监在内部会议上说："关于计划采购的ERP系统，××公司还是值得信赖的，毕竟他们在行业领域内做了这么多年，有丰富的积累。"通过这段描述，你觉得他属于四种类型中的哪一类？很明显，他是相信××公司的品牌，是对公司品牌的支持。

来看第二个例子，同样是采购企业的财务总监在他们内部的会议上说："关于这次的系统采购，我注意到××公司的产品支持云架构设计。我们选择产品应该重点看产品的技术架构，这种云技术架构很符合我们长期发展的需要，我认为具有云技术架构应该是我们选择的重要条件之一。"那通过这一段描述，我们知道他支持的是产品或服务方案。很明显产品或服务方案是否具有云架构是重点，哪一家公司的产品或服务方案有了云架构，那这家公司的产品或服务方案就是合格的，可以列为备选，没有云架构的产品不考虑。采购企业选择的重点不在于公司，而在于产品或服务方案本身。

同样的案例背景，如果采购企业的财务总监在他的办公室中对你说："小张啊，实际上你们几家公司的产品功能都差不多，我个人是非常想让你们公司来签这个项目的。但是采购还是需要按流程走的，你要和其他的主管好好沟通，争取获得他们的支持。"对这段话，你又会如何理解呢？他支持的是谁（什么）？

最后，同样的案例背景，这个采购企业的财务总监是这样对你说的："这次采购的ERP系统对我们公司相当重要，如果能够成功实施上线，对我们现金流的管控会有极大的改善。我希望你们几家供应商都能够重视我们这个项目，多投入一些专业能力强的顾问。你放心，在选择供应商的时候，我们会综合考虑的，绝对会公平、公正。只要你们的产品专业，人员技术过硬，就有机会。"通过这段话，你认为客户支持的是谁（什么）？

我们要通过对客户的了解来识别客户的支持分类，了解客户都做了什么事情，听客户说了些什么，根据这些事实依据进行判断，客户到底支持的是什么。接下来我们还要考虑，客户支持的程度如何。

支持采购规划、支持销售经理个人、支持产品、支持供应商这个公司，分析客户支持这四类中的哪一类，对于企业的采购项目来说，极少发生一定要到某一个供应商那里去采购的情况，除非是单一来源。我们注意到，公司品牌对采购的影响，还有销售经理个人对采购的影响，实际上都是建立在采购目标基础上的，采购目标是最核心的采购要素。客户采购的目标是某一个产品或服务方案，而不是采购了某个公司的品牌或者是采购了某个销售经理的个人能力，因此，我们这里所定义的“支持”指的是客户是否支持你提供的产品或服务方案，当然这个方案必须要符合客户的采购目标的要求。

05 权力和影响力

我常常会给我的学生们讲一个项目中发生的事件，因为这些事件太有学习的价值了。有一家大型金融公司计划采购一个工作流系统，客户提出可以试用一下系统，在工作环境中感受一下，如果没有问题，就直接签订单完成采购。在客户的业务管理审批流程设置中，各个部门的一把手是审批人。试用了两周后，客户认为可以，就直接在这个工作流系统中来完成这次采购的审批过程。

在工作流的设计中，每一个审批者都可以在审批确认时录入自己的看法，选择是认同这个审批内容，有条件认同，还是否定。

有一个 IT 部门的老总迟迟没有完成审批确认。销售经理非常关注，因为这相当于采购订单的审批。后来销售经理通过采购企业内部的人员了解到，这个 IT 部门的老总在审批时，将这个审批文档转给了部门的一个专家，同时注明：“提出你的意见”，而这位专家实际上并不在审批的流程中，没有审批权限，是 IT 部门老总希望在自己进行审批确认之前，先听听部门专家的意见，然后他再做出自己的审批决定。

这个事件对销售经理的意义是，如果销售经理关注客户的采购流程，将销售工作全部放在那些有审批权的人身上，那么，在这种情况下，专家的作用就被忽视了，而专家在这个IT部门老总的审批过程中所起到的作用可能非常大。如果专家否定了这个审批项目，那么IT部门老总也许会按照专家的意见也否定了，这个审批节点就无法通过，项目也就中止了。

在这个审批环节上，IT部门老总是有审批权的，而专家没有，但专家的意见却影响了IT部门老总的审批结果。专家所拥有的就是影响力，而这个影响力是可大可小的，关键是有审批权的人如何看待及重视度如何。

有审批权的采购决策者会关注没有审批权但有影响力的人，因此销售经理也要关注这类人。只有将这两类人都考虑到，并且尽量全都接触，让他们认可自己的产品或服务方案，才能增加赢单的概率。影响力不仅仅是为了识别出那些有审批权的人，对于那些没有审批权的人，在策略销售的分析中，也要考虑他们在不同阶段权力和影响力的大小也会发生变化。

06 影响力度量技巧

有些销售经理认为，如果能让尽量多的企业采购决策者，也就是采购流程的审批者，支持自己的产品或服务方案，那么，自己获得这个项目订单的概率就会很大。

实际上，参与采购项目的部分人员并没有审批流程的权限，不需要在这个过程中进行审批确认的动作，但是他们却对采购决策有着极大的影响：能够影响企业采购的需求内容，也能够影响采购的金额、采购产品的选择标准等。

这种人是没有决策选择权却有影响力的人，他们在采购项目中的影响力是极大的，对销售经理来讲不可忽视。

如果销售经理忽略了这些人，那么在丢掉这个订单的时候，他们可能还不知道问题出在什么地方了，他们会困惑为什么已经表态支持的采购决策人又改变了主意，反而支持起竞争对手的产品或服务方案了。

销售经理的专业做法是将所有能够影响采购的参与人全部都考虑到，尽量全部接触到，了解他们的看法。然后对这些信息进行整理，对项目获得签约的可行性进行分析，以此找出有效的销售方案，来增加获得采购订单的机会。通过采购进程（时间 / 阶段）和采购过程参与者（类型 / 采购角色）这两个维度来分析采购干系人在采购不同阶段的影响程度，对其进行分类；对不同采购过程的参与者及其影响程度进行分析。采购过程参与者包括：业务专家（内、外部）、使用部门代表、使用部门主管、技术专家、技术部主管、采购执行部门、财务部门、法务部门、分管业务高管、最高审批管理人员。

企业的采购步骤包括：看到问题、界定目标、了解信息、明确需求、界定指标、评估方案、商务谈判、合同签审、实施应用，下图为影响力分析图，从影响力分析图可以看出，在不同的阶段，会有不同的采购参与者推动采购过程，而在同一个阶段，不同采购参与者的参与程度及影响度是

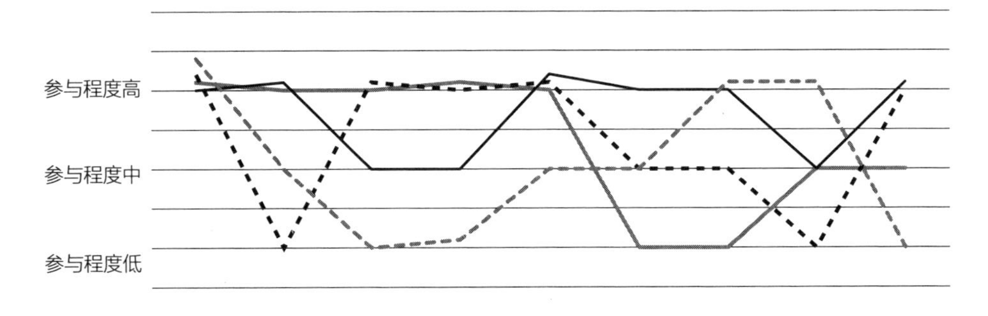

不同的。为了更清晰地获得总体的影响度效果，我们又将部分具有类似采购工作的参与者合并，以便获得更清晰的图表。

看到问题后，为了界定目标，了解信息，解决相关问题，业务专家、使用部门主管、技术专家、分管高管都可能会深度参与，这是企业采购的起点，这些人员都有可能会看到企业的问题并成为构建目标的发起者。明确了解决问题的方向后，在界定目标阶段，使用部门主管会参与，技术专家及业务专家可能会积极参与。这是一个愿景描绘的过程，可以从企业的发展、生产运营的保障和信息化的建议等角度进行规划。专家们在这个阶段起到专业性的支持作用，而管理人员会确定是否应该设定及设定什么样的采购目标。

在了解信息和明确需求阶段，业务专家和使用主管会作为主要的需求方，高度参与需求的场景及需求功能描述，而技术专家会配合这个过程，其他角色参与程度较低。界定指标这个阶段需要明确什么样的产品或服务方案才是适合的，分管的企业高管可能会参与这个过程，参与度较高的是业务专家、使用主管、技术专家等这些角色。

在评估方案这个阶段，由于采购的评估指标已经确立，哪些可选择产品或服务方案是符合要求的已经明确。该阶段可能涉及解读指标和指标的调整。技术专家会产生高度影响，分管高管、使用主管也可能会参与，进而产生影响。

商务谈判这个环节采购执行人员会参与，技术专家及分管高管都可能会高度参与，使用主管会参与，这时业务专家的影响力较低。由于此前已经确认了供应商及采购的产品或服务解决方案，在合同签审时，影响最大的就是审批确认的管理人员（分管高管）了。与此同时，分管高管有可能会改变前期的决定，变更供应商。在实施应用阶段，使用主管、技术专家会高度参与，对实施过程的质量评定会较多地参与，直接对能否验收项目产生决定性影响。

配合采购方完成采购；确保自己推销的产品或服务方案能被认可；识别采购项目执行到哪个阶段；在不同的阶段要关注不同的采购决策者，以及对采购决策影响较大的采购影响者；取得影响力大的采购干系人支持，这些是销售经理的重要工作内容。

第六章 435分析模型之策略识局

复杂销售项目在策略分析方法和工具应用的前后，往往会有非常大的变化，因为这个分析方法和工具是有实践依据的，会帮助销售经理产生新的认知。如果在策略分析之后，销售经理的行动规划方案没有任何变化的话，可能是这种情况，这个销售经理本来就是一个天生的销售高手，有良好的销售敏感度，有成功销售的能力，凭借本能也能将销售工作做得非常棒。即使这样，根据策略分析结果进行竞争检测也会有所帮助。竞争检测可以从 3 个角度来分析：

第一，这是一个有效率的行动方案吗？能否做到不耗费销售经理太多的时间，就能达成目标？

第二，这个方案投入大吗，也就是成本有多少？不能在所有项目中都让高管去帮着谈客户。让高管和销售经理一起去拜访客户，跟客户谈一谈，是需要调动额外的资源的。

第三，这个方案如果实现了，有什么价值和意义，值得做吗？高效的行动是做有价值的工作。有些销售任务即使做了也无法达成你的目标，或者是即使达成，效果也不那么明显，这样的工作不要做。

从这 3 个角度进行分析，会提高销售任务的效率和质量。

复杂销售项目的成功需要销售经理随时保持警惕。所谓保持警惕，不仅仅是一种心态，更要依赖于对项目的判断。能及时觉察出项目的风险因素是非常重要的。在复杂销售项目中，销售经理不能抱着侥幸心理，不能依靠运气来躲过风险，获得项目采购订单，这种成功的概率实在是太低了。有的销售经理天生具有良好的分析能力，他们会试图通过以下方式销售：证明产品价值，说服客户购买，处理客户的购买异议，克服客户抗拒服务的反应。这种获得订单的方式，有时并不见效；更好的方式是，协助客户做出采购决定，帮助客户建立目标，实现目标，解决当下的管理、生产或发展问题，满足客户实现愿景的需求。这就需要销售经理除了有良好的沟通技巧和销售意识外，还需要销售经理使用一种分析方法，分析当下的项目情况，以此为依据设计出有效的销售策略。

在制定销售策略时，第一步要先明确本项目销售的目标，判断是否符合自己的销售规划。有的项目由于投入的成本和收益不符合当下的需求，就算有机会获得采购订单，也要放弃。第二步是销售项目信息识别，即获取采购企业的采购信息。有些信息有助于销售判断，但有些信息并不能起到类似的作用，销售经理需要了解哪些信息是需要明确的。第三步是确定自己的销售位置，即对采购企业的采购进度进行调查分析，了解自己在当前采购流程中的位置点，对应销售流程，明确项目定位。第四步是分析现状与双方的形势（可用 SWOT 分析法，即基于内外部竞争环境和竞争条件下进行的态势分析，包括与研究对象密切相关的各种主要内部优势、劣势和外部的机会和威胁等）。第五步是拟订相应策略，根据分析找出各种可能的销售策略，从中选择可行的。第六步是根据销售策略制订合理的行动方案，依据策略规划的指导方针，找到达成目标的最佳手段。第七步是根据行动方案部署可调用的各种资源（详见后面的“支持策略的 7 种武器”）。第八步是实施行动，这时需要注意每一个行动都要符合前面所讲的“找出前行的小目标”的要求，需要明确目标、方法、结果、时间及资源。制定策略的步骤见下图。

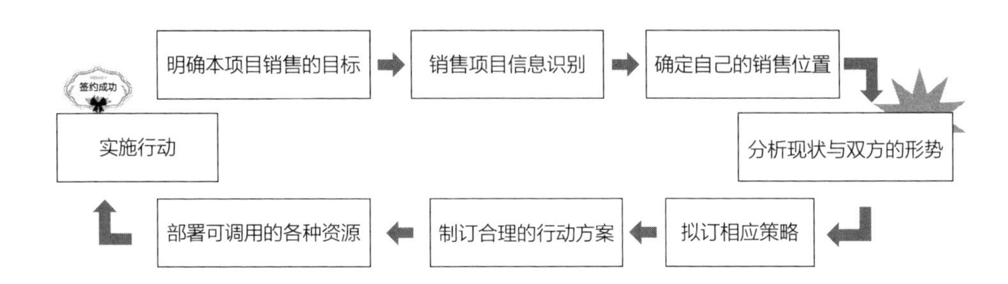

好的项目销售策略都是一点一点地仔细分析，设计规划出来的，并不是想当然地用拍脑门的方式拍出来的。就像医生治疗患者，有的医生会根据患者的病情状况，直接给出治疗方案，这需要医生具有高超的医术和丰富的经验。大多数医生都会询问一下病患的情况，然后根据情况要求患者进行各种化验，根据化验结果进行分析诊断。

如果把销售项目的客户和阻碍赢单的问题比喻成病人和病症，治好病人代表获得订单，那么我们制定下一步销售策略的时候，就可以参照医生的诊断方式，对整个项目进行“化验”，充分了解项目的关键信息，客观呈现出各种指标要素的数据，然后对客户采购项目的采购指标要素进行分析，依据分析结果制定合理的销售策略。

要注意的是，医生不会使用很久以前的化验单（一般会要求在一周内的，有的 CT 或核磁拍片可以时间长点），医生会要求病患即时化验，原因是病情每天都可能发生变化。一个复杂销售项目也是这样，项目情况随时可能会发生变化，比如组织结构的变化、人员调整的变化。我们每次在进行项目分析的时候，也需要即时进行“化验”，才能够客观地查验项目状况。

分析项目“化验单”中的各个要素，类似于医生分析化验单中的各种指标要素，根据这些要素可以对项目进行详细的分析，每一项指标数据都会对项目的竞争态势以及行动计划产生影响。

项目“化验单”上的项目要素应该有哪些呢？多了也未必都能用上，

少了可能不足以支撑分析。有一位医生朋友这样跟我说，别看化验单上有三四十项指标数据，事实上他每次只看六七项就能够做出病情判断。至于其他的化验数据，大多数的情况下都是起到防患于未然的作用。同理，项目要素应该也不需要太多。我们找出来关键的几个，能够支持我们进行项目策略分析就可以了。将这些能把项目实际状况描述清楚的项目要素设计到一张项目“化验单”中，就是 435 策略销售分析模型（以下简称 435 分析模型）的要点。这是在多年的实际业务工作和销售人员能力提升过程中，我结合多种销售理论的基础，根据对实际销售项目的数据分析，总结出的可以评估复杂销售项目的竞争态势和发展前景，为销售经理指明方向的 435 分析模型。该模型可以：

- 判别复杂销售项目的竞争格局；
- 为销售经理指明销售的方向；
- 协助销售管理者指导销售经理工作。

435 分析模型可以对一个复杂销售项目进行即时项目化验，通过几个重要的项目指标数据，呈现当下的项目情况，使销售经理对复杂销售项目有系统性的了解，以便设计出有效的销售策略行动。在该模型中，4 是指项目的 4 项重要采购信息，3 是指 3 个重要的赢单要素，5 是指 5 个常规性销售策略（见下表）。5 个常规性销售策略将在第七章详细介绍。

4 项重要采购信息	采购目标：时间、金额、产品、购买主体
	采购流程：过程事件 + 审批流程
	采购决策者：采购相关事件的关键节点权责人
	采购方式：购买的执行方式
3 个赢单要素	“指导者”：认可采购目标，相信采购收益价值，期待产品应用愿景，认可产品或服务方案，信任销售经理
	最终决策者：通过语言、行为等方式表达出对供应商的信任，对产品或服务方案的认可
	关键支持比：采购相关事件的关键节点权责人支持各供应商的比例

（续）

5个常规性销售策略	了解信息：缺什么补什么，强化4项采购重要信息的清晰度
	信任关系：构建亲密客户关系，尽量增进与所有采购干系人的关系，重点是了解采购决策者的“个人价值”
	专业支持：提升采购决策者的支持度，用数据评估分析行动结果
	推进采购/销售进程：助力采购事务推进，参与采购执行的过程工作中
	激发动力：激发客户的投入度，影响那些不积极或否定抗拒采购目标的“顽固分子”

4项重要采购信息是推进销售策略分析的基础条件，是销售经理成功赢得项目的基础，在项目前期就应该尽快获得并验证。几乎所有成功签单的销售经理，在项目复盘中都可以将这4项信重要采购信息描述得非常清楚；而那些丢掉项目的销售经理，直到最后，这4项重要采购信息还是没有完全搞清楚，即便描述出来，部分信息也是“我认为”“我想”“我感觉”的主观感受，而没有从客户那获得客观准确的信息并验证。

3个赢单要素构成了重要的项目局势判断点，可以据此判断项目的销售方向和竞争态势：许多已经获得成功的复杂销售项目，在复盘总结时都有一个共同的情况，在“最终决策者”和“指导者”这两个角色中，销售经理至少会找出其中一个建立友好的合作关系。只有少量的成功项目在复盘中没有“指导者”这个要素。成功的项目分析数据显示，“最终决策者”和“指导者”这两个角色中，有一个以上对销售经理认可并与其构建了良好的合作关系，赢得项目的概率就很大了。

支持度对项目竞争态势的分析和销售行动方向有很大的作用，销售经理需要将行动聚焦在最有可能成交的机会上，如何在项目的不同阶段增大销售成功的概率，需要针对项目实际情况进行分析。3个赢单要素能帮助销售经理理解项目的赢单关键点，并由此管理好自己的时间和销售工作重点，获得期望的结果。

销售业绩好的销售经理会关注自己的销售成功率，例如在阶段周期内，他同时跟踪了 4 个不同公司的采购项目，结果成交了 1 个项目，那么他的成交率就是 $1 \div 4 \times 100\% = 25\%$。如果要保持并提升这个成交率，除去不可控的环境、机会、政策等因素，他需要如何优化自己的销售方法，提升哪方面的销售能力呢？

那些销售业绩好的销售经理在竞标结果水落石出后，会知道自己在这个项目中赢在哪里，做对了什么。对那些丢掉的项目，他们也知道自己输在什么地方，什么地方没有做好。

了解 4 项重要采购信息和分析 3 个赢单要素可以帮助销售经理提高销售业绩，将这个过程提前到项目前期，而不是在项目结束后进行反思，能有效地提示销售经理在接下来的销售规划中需要关注的销售方向，需要获得哪些客户的支持才能增加成交的可能性。

01　4 项重要采购信息

销售经理要想成功获得项目，就必须了解项目的相关信息，清楚采购企业的采购管理方式，掌握项目的各种有效数据。通过对多个项目进行复盘，我们发现失败的销售经理对项目信息了解不足，而那些成功的销售经理基本上完全掌握了项目的关键信息。销售经理是否了解项目的重要采购信息，可以说是项目成败的基础条件。这些重要的项目信息可以分为以下 4 类。

第一类：采购目标

采购目标和销售目标是紧密相关的，但又不是完全相同的概念，采购目标是满足客户需求的购买范围目标，销售目标是符合销售需求的商业目标，二者之中一部分是购买方关注的，一部分是购买方和销售方都关注的，还有一部分是只有销售方在意的。在项目初期，购买双方对目标的认知往往会有些差异，随着采购进程的推进，通过交流沟通，最终，在商务订单中，双方的看法会达成一致。

采购目标包括采购需求（管理需求、生产需求、发展需求等），采购主体（用哪个法人主体实施采购的签订手续），采购时间（计划完成采购的日期），采购预算（计划付出的费用）。销售经理在了解采购目标时需要注意，采购目标在采购过程中常常会发生变化，会随着环境及需求的变化而调整。上述信息可整理到下表中。

采购目标	
采购需求	
采购主体	
采购时间	
采购预算	

第二类：采购流程

采购流程按客户实施采购任务的时间顺序进行界定，每个过程阶段实现一个阶段目标，每个阶段目标就是采购流程的指标要素。

有些销售方法论将项目的采购流程简单地分为 4 个阶段：意向阶段、立项阶段、方案阶段和商务阶段。意向阶段指客户计划进行一次采购，有了一些想法需求，一旦客户的这些想法进入实质性的环节时，客户会有明显的动作。当客户启动采购项目，安排专人来负责采购时，可以定义为企业采购项目处于立项阶段。

立项之后客户会进行充分的需求调研、需求分析，了解行业中的可选产品并了解解决方案的筛选标准，这个阶段可以定义为方案阶段。可以看出，在这种定义的方法中，将需求部分隐藏了起来，对需求有两种处理方式，一种是加入意向阶段，一种是加入立项阶段。

当客户已经有了明确的待选择方案之后，采购项目就进入最后一个阶段：商务阶段。商务阶段是指客户通过前期的工作已经知道了如何来选择产品，建立评定指标。通过这些指标评出多个产品都是符合需求的，如何从这些符合自己需求的产品方案中选择一个，客户会考虑很多问题，包括价格、产品的附加功能、性能的指标、供应商的品牌影响力、供应商当前的状态以及供应商的资源等。在这个过程中涉及供需双方的商务内容协商，因此称为商务阶段，在这个阶段会谈商务条款。这种将采购阶段分为 4 个阶段的方法，对销售统计有支持作用，我认为实际对赢单并没有太多帮助，不够细致，无法准确定位客户的采购进行到什么阶段，需要配合做哪些工作，无法准确关注到客户的关注点，给客户提供相应的帮助。

我一直认为一个重要的采购项目对企业来讲是一个变革的过程（例如，实施管理信息系统的采购）。企业从当下的管理方式、工作模式转变为采购新系统之后的管理方式和工作模式。采购前和采购后企业的管理方法及工作流程等会是两个不同的情境。对于新系统所涉及的岗位人员来说（使用信息系统或被信息系统所影响的人），实施了新系统之后可能会使他个人的工作状态产生极大的变化，也许会涉及工作内容或工作流程的调整，责权的重新分配，知识技能的新要求等。

里克·摩尔在他的 *Beyond the wall of resistance* 这本书中将变革在企业中的演变过程分成了 6 个阶段（原始状态、看到问题、获得方案、全面启动、获得成果、继续前行）。在这里我们借鉴前两个阶段，再结合企业的采购过程中的常规做法，找出企业采购的通用采购任务，根据不同的阶段的采购关注要点和工作内容，将这些阶段分别为：看到问题、界定目标、了解信息、明确需求、界定指标、评估方案、商务谈判、订单签审、实施应用（见下图）。

看到问题 → 界定目标 → 了解信息 → 明确需求 → 界定指标 → 评估方案 → 商务谈判 → 订单签审 → 实施应用

销售经理需要了解客户当下处在采购项目的哪个阶段，只有确认了客户的采购阶段，才会清楚当下客户的关注点是什么，处于什么样的状态，才能在沟通当中和客户保持一致的沟通内容和方向。也许有的企业在采购项目中没有清晰地体现出这些阶段，但是也必然会经历这些阶段的工作内容，也可能把几个阶段合并在一起执行。各阶段的关注点和识别点如下表所示。

采购阶段	关注点	识别点
看到问题	管理者注意到企业当下面临的问题或机遇	对相关问题感兴趣，愿意拿出时间和销售经理沟通问题及解决方案
界定目标	采购后的愿景，关注实现愿景后的价值和意义	公司安排专人负责（可能会立项：会议结论或公文），或高层领导安排工作给某个主管
了解信息	技术的发展情况，同行的应用情况，需要解决的问题及相关部门的需求等	客户会提出许多问题，希望获得资料，但没有正式发布采购需求文档和采购方案文件
明确需求	关注需求的解决方式和效果，关注如何选择采购产品或服务方案	有目的地制作需求方案文档，介绍产品功能和性能以及供应商的资质，进行需求整理
界定指标	解决方案的评估指标设计及方案评定方式规划	功能说明的梳理，包括业务和技术部分，功能与非功能性解决方案的说明文档
评估方案	功能的完整性、适用性、系统的性能及服务，对各供应商的优势进行分析，寻找差异点	已经正式发布了需求文档和采购方案文件，组织投标，对各供应商的产品或服务方案进行收集及问询
商务谈判	功能，性能，价格，服务	组织应标讲标，并发出意向中标通知，进行细节谈判
订单签审	订单内容及条款的合规性及审批	启动订单签审，有明确的审批盖章流程
实施应用	应用方式及便捷性，服务质量	订单盖章完成，执行首付款，并开始实施部署及应用准备

第三类：采购决策者

从完整的采购过程来看，每个采购阶段都涉及了决策的过程，从界定目标开始，到订单的签审，都涉及不同的采购决策角色，这些职责不同的人都要对相应的事务进行决策判断。任何一个环节的决策判断都可能导致项目的采购目标发生变化，或者是项目采购的延期和终止。

如果采购企业有明确的采购负责人和采购项目组，那这对销售经理厘清采购决策链有极大的帮助，但不能认为采购项目组中的所有人员就等于采购决策链；相比项目组的人员，采购决策链所涉及的人员范围有时会更大一些（见下表）。

采购阶段	参与角色	对应人员
看到问题	公司管理层或能影响管理层的相关专家	
界定目标	公司高管（董事长、总经理、CEO、业务高管等）	
了解信息	产品应用部门，IT 部门	
明确需求	产品应用部门，IT 部门，业务分管主管	
界定指标	IT 部门，业务专家	
评估方案	业务专家，产品应用部门，IT 部门，业务分管总经理（或副总裁），CEO	
商务谈判	采购部负责人，分管总经理（或副总裁）或 CEO	
订单签审	采购审批流程中的指定人员	
实施应用	产品应用部门，IT 部门，业务分管总经理（或副总裁）	

项目中有哪些采购干系人？获取这些信息可不那么容易，但是销售经理需要通过这些信息来衡量自己对客户采购项目的了解程度。如下表所示，通过倒 Y 形三类椅子的方法可以识别出影响采购项目的角色都有哪些。我们通过决策链人员和拜访覆盖度这两个维度来进行标记，数量是指三类椅子上的人是否都找到了，至于这个项目每类椅子有多少把，这要看实际的情况，重要的是三类椅子和坐在上面的人都找全和采购决策链清晰。和这些人是否已经建立了联系，可以通过四种描述进行区分：没有联系、很少联系、多次联系、深入联系。

识别时要注意椅子类型需三类都齐全（至少三条的数据）；决策链人员需要填写具体到人，包括职位、姓名；拜访覆盖填写有（没有联系、很少联系）、无（多次联系、深入联系）。

椅子	决策链人员	拜访覆盖
高背椅		
红木椅		
沙发椅		

第四类：采购方式

企业采购通常会以三类采购方式来实施：单一来源，邀标，公开招标（见下表）。

采购方式	是（打对号）
单一来源	
邀标	
公开招标	

单一来源：也叫直接采购，要采购的产品或服务只有一家供应商可以提供，这时采购方会直接和供应商商讨采购事宜，这种情况下供应商和采购方所谈论的重点往往是价格和服务相关的内容，确定各项事宜后会直接进入签审采购订单阶段，双方地位平等或供应商主导。

邀标：采购企业向指定的几家供应商发出招标文档，包括产品需求、供应商资质等。受到邀请的供应商可以参与投标报价，采购企业根据投标企业的产品或服务方案及服务报价选择最终的供应商，中标的供应商获得采购订单，一般采购企业会发中标通知书通知中标方。

当客户邀请我们参加竞标时，我们需要考虑应不应标。销售高手不打无把握之仗，如果我们不充分了解一个采购项目，那么应该尽量放弃机会主义的想法，忽略微乎其微的中标可能，放弃应标（接受邀请参与投标）。

销售经理还要注意，即使拒绝了不去应标，也需要在执行过程中体现出专业性，避免让对方产生反感。就是可以放弃应标，但是和客户的关系不能搞砸，丢项目不丢客户。需要礼貌地回复客户，找出合适的理由，让客户感到被尊重。例如，可以再三强调非常愿意参加，可是由于管理的原因、制度的原因、公司资源的调配原因等客观原因造成无法应标。

公开招标：采购企业公开发出招标文档（也可能委托专业的招标公司实施），包括产品需求、供应商资质等。符合资质的供应商都可以投标报价，讲解方案，采购企业根据投标企业的产品或服务方案及服务报价，选择最终的供应商中标，一般会发出中标通知书，中标企业获得采购订单。

企业采购的方式会影响到销售的竞争格局，不同的采购方式所对应的策略也会不同，了解这点对销售成功是至关重要的。

02　3 个赢单要素

指导者（有同样的目标）

企业之所以要采购，必然是因为企业的管理层已经做出决策，认可采购目标完成后可以给企业带来的价值，这是企业管理层的整体决策。或许部分人员的观点和整体决策不一致，但也不会影响采购项目的启动。他们虽然实际上不认可这次采购，但也会按企业的整体决策执行这个采购过程。同样，支持采购的管理者也必然存在，不然就不会有采购项目的立项。支持采购的管理者对采购的目标非常认可，相信采购的产品或服务能给公司带来价值，期待着实施采购的产品或服务后的愿景，对采购过程的关注度相比其他人更高，他们愿意参与选择采购目标的过程中，并有意识地影响其他人的看法。对销售经理来说，识别出这类人是极其重要的。

在有些销售理论中，将采购企业中能帮助销售经理的采购干系人称为顾问或教练，相比这些描述，我认为“指导者”更符合这类人员在复杂销售项目中的销售角色定义，因为这类对采购目标认可的人和销售经理有相同的诉求，都期待这次的采购项目完成。同时我们还要注意到，认同采购目标的采购干系人并不一定会主动对销售经理示好，可能从开始到结束都不会和销售经理有亲密的交流。

这里的赢单要素“指导者”应该具有以下几个特点：

第一，认可这次采购，相信这次采购会给企业带来价值。

第二，认可销售经理提供的产品或服务方案，相信这个产品或服务方案符合采购的要求。

第三，认可供应商的品牌形象，接受供应商作为产品提供商。

第四，信任、欣赏销售经理，愿意和销售经理进行沟通交流，协同解决问题。

符合以上 4 点的采购干系人就是“指导者”。“指导者”可以为销售经理提供、确认项目的采购信息。每个采购干系人对各个供应商的看法、每个采购影响者和决策者对采购项目的看法等与采购项目有关的信息，销售经理都可以从“指导者”那里获得。

“指导者”还可能与销售经理一起分析或制定推进行动策略，因为他认可销售经理的产品或服务解决方案，希望最终使用销售经理的产品或服务方案。这会促使他和销售经理一起想办法完成采购。有了方案后，销售经理要及时和“指导者”沟通，用灵活的方式请教自己的计划是否可行，环境允许的话，还可以和他一起讨论详细的步骤等。

“指导者”是保证销售经理赢单的重量级人物，可以给销售经理指明成功的方向和道路。找到这个“指导者”，在项目竞争中可以抵得上千军万马，作用相当大。没有他，销售经理在销售过程中就是盲打，找不到主心骨。

这个要素指标的衡量方式为：未识别，已识别，已同行（见下表）。

	未识别	已识别	已同行
指导者			

未识别：没有找出客户方对采购目标认同，并认可我们的产品或服务方案价值的采购干系人。

已识别：识别出认可产品或服务方案的价值采购决策干系人，有足够的证据表明其是认同采购目标，认可方案价值的，但尚未建立信任关系。

已同行：和认同方案价值的采购干系人建立了良好的信任关系，已经能够深入地交流采购过程中的重要事项及问题，并协同推进采购进程。

一旦通过“已同行”的识别验证，确认找到了自己的项目“指导者”，销售经理就可以将他当成自己赢得项目订单的同盟。“指导者”在关键时刻出场比较好，尽量不在一些小事上麻烦他。跟“指导者”的交流需要有一个“度”，你需要注意“保护”你的“指导者”，这样你才能够更好地和他长期合作。

有这样一个例子，是在 2009 年底发生的。一个分公司的销售经理向我诉苦，他说：“东升老师，你不知道，我有个项目几乎就要成交了，我和客户的财务总监谈得特别好。我做了一个客户画像，基本上确认这就是一个理想的客户。这位财务总监能够帮助我们去说服其他的采购决策人，他在内部会上跟其他部门的人说，就选 ×× 公司的系统了，其他公司的就不考虑了，我相信他们的系统最适合我们。可是，一个月之后这位财务总监离职了…… ”

他接着说：“太惨了，一个并不支持我们的财务经理变成了财务总监。原因就是他们的老板听到了这事儿（财务总监在会议上的发言），认为财务总监一定是和我们搞了些私下交易，就找个理由把财务总监辞退了。”

这种情况是个案，具体是不是这样的原因，我们无法确认，也不需要深挖。但我们通过这个事例可以发现，作为一个采购方的采购决策者，如果他站出来为某个供应商摇旗呐喊，可能会给他带来职业风险。

我们尽量要在这方面规避风险，保护好我们的“指导者”，关键时刻再请“指导者”出手，当然“指导者”也会有自己的判断。

举个例子，客户可能在一层楼里有很多个办公室，你要去拜访的是位比较理想的待建立信任的准“指导者”，他的办公室就在最里边，要去他的办公室，你会经过几个办公室，这些办公室大多都是开着门的，人一走过就会被门内的人看到。你怎么办？这时你要考虑如何才能更好地规避风险。不然，他可能会担心被其他人误解，由于个人原因支持你，并不是你的产品适合这个项目。针对这个情况有两个解决思路，第一，这一层可以拜访的客户，全都去拜访一下，不要只去拜访一个客户。第二，错开拜访，今天拜访2个，明天再拜访3个，让客户感觉你和大家都交流了，可能会更好一点，当然还需要通过打电话或其他手段同“指导者”保持紧密的联系。

“指导者”会不会给出一些建议？如果对销售经理足够信任的话，他会给出建议。如果没有给出建议，这就表明他还不是“指导者”，销售经理还需要培养信任关系，在信任关系建立之前称为友好关系的人比较合适。

“指导者”更了解采购公司的项目情况、采购的进程以及管理的思路，所以他可以将这些信息提供给销售经理，告诉销售经理目前内部工作到了采购的哪个阶段，接下来还有多少工作需要做，每个阶段会有多少人参与，谁在这个阶段中权力最大，谁的影响力最大，参与者对产品的看法是怎样的，等等。

真正的“指导者”会理直气壮地支持认可的产品或服务方案，因为他不是出于个人的私心，他完全是站在这个产品或服务方案能够为公司带来最大价值的角度考虑的。他也不觉得选择了某一个企业的产品或服务方案是个人利益的驱动。理想状态下，“指导者”会和你建立一种合作关系，也可以说是销售经理找到了一个希望分享成功的人，他认可我们提供的产品或服务方案，他也相信我们提供的产品或服务方案，一旦实施会给他们的公司和他自己带来极大的帮助。他相信销售经理也相信产品。

如果发现自己的“指导者”也是竞争对手的“指导者”，像电影《无间道》中的男主角那样，怎么办？在这种情况下，他就不是你的“同行者”了。如果一个人对所有的供应商都不错，会向所有的供应商都传递采购信息、出主意，并且这些信息往往是相同的，这种情况下有一种可能，这个人是“公共信息传播者”。他渗透给供应商的信息大多数都是官方通告，是可以公开的、跟谁都可以说的信息。

我们和理想的支持者的合作，往往一方面是希望在关键时间点能够通过他的帮助加快项目采购的推进，并且在竞争选择上做出有利于我们的选择。另一方面是希望他能够跟我们分享一些采购关键信息，即那些决策层所掌握的采购状况和信息，这样我们就能够掌握采购项目的真实情况，以便于做出准确的判断。

在遇到困难的时候，有一种方法是直接请教你的“指导者”，询问他：“我应该用什么样的方法解决这个问题？”这需要注意一些技巧，不要直接询问如何解决。例如，你和“指导者”说：“能不能帮我介绍一下财务部的张总？”或者是跟他说：“能不能帮我去说服一下技术部的李总马上通过这个方案？我觉得他现在对我们有成见，我跟他说他不愿意听，您在内部有影响力，您有没有可能去和他说说？”这两种情况都不是和“指导者”合作的正确方法，这样会让对方觉得你没有思路，或者是觉得你的能力有问题。当你请教某一个人的时候，最好是带着问题和解决方案去请教，说出你的想法，这样，就不是去询问解决方案了，而是请他帮你来优化方案，请他提些意见。例如：“为了能够和张总建立联系，我打算给他打一个电话，直接去询问他能否见面。您看这样合适吗？”这就是带着解决方案的问题。销售经理尽量以探寻的方式来向“指导者”咨询，说“我有一个想法。”而不是简单来问：“这个项目推不动了，你说怎么办？”拿出一个方案来，哪怕是不太成熟的方案也可以，用请教的方式和“指导者”沟通。

最终决策者

最终决策者认可与否是销售经理能否赢单的重要因素。在复杂销售项目中，作为采购企业的项目最终决策人，即便他有了一些看法，多数情况下也不会轻易表露出来，所以，最终决策者是最重要但也是最难以建立友好关系的。如果有明显的事件支持，表明最终决策者支持我们的产品或服务方案，认可我们的公司，那么这个项目就具有非常大的优势，签单的概率就会很高；需要注意，即使这样项目也还是有丢单风险的，并不能认为百分之百地获得了项目，不一定能签单，毕竟买卖双方的立场不同。

在这个要素指标上，衡量方式分为三种：异议、中立、认同（见下表）。

	异议	中立	认同
最终决策者			

异议：最终决策者对竞争对手的产品及公司比较认同，对我们的产品方案有些看法，提出不符合需求的观点。

中立：最终决策者对所有供应商表现出相同的态度，采取公事公办的交流方式，表示大家都有机会获得订单，关键看谁的产品或服务方案更适合。对任何一家的产品都没有显露出倾向性。

认同：最终决策者表示出对我们公司的认可、信任，相信我们的产品或服务能力，表达出愿意合作的意愿。

关键支持比

销售经理的主要任务就是获得客户采购干系人特别是关键采购干系人的支持，让他们认可我们提交的产品或服务方案，相信产品或服务方案应用后所能够创造的价值，相信我们的方案与其他竞争对手的方案在客户的需求价值匹配度上，占有绝对的优势。在这样的情况下，客户的采购干系人才会支持、认可我们成为供应商。在获得了第一个关键采购干系人的支持之后，需要依次获取第二个、第三个关键采购干系人的支持，获取他们的认可，能够争取到的支持者人数越多，赢得订单的概率就会越大。

对于采购干系人支持比例，我们可以通过对三类采购干系人的评估，统计出关键支持比。对于那些中立的，没有表态的采购干系人，这类人是否支持不可以用猜的方式处理，没有表态的采购干系人在评估统计的时候不能统计为支持者，在最高权力决策者表态前，这些采购干系人支持与否是非常重要的，他们的支持率会影响到最终决策者的看法。

在企业采购项目的执行过程中，每一个阶段相应都有一个阶段节点的最高决策权力者进行把关，当这个阶段的工作成果符合这个阶段节点最高权力者的要求后，才能进入下一个采购阶段。有的时候，一个采购阶段会有几个关注方向不同的采购干系人，并且各个采购干系人的看法对结果的影响都不小，每个人的态度都很重要。

有些采购执行的关键节点由业务部门主管主导，他的看法决定了当下的项目价值点方向，多数情况下，不会直接将哪个供应商踢出局（即直接将供应商排除在备选择供应商列表外，让其没有机会参与竞争，直接失去赢得订单的机会）。不过，如果是采购企业公开任命的采购项目负责人，可能就不太一样了。采购项目负责人有明确的采购职责权限，他的看法非常重要，仅次于节点决策权力者，他对哪个供应商比较认可，哪个供应商的机会就多一些。从销售经理的角度看，被任命的采购项目负责人相比其他的采购干系人更为重要，获得他的支持，甚至能抵几个或其他所有的采购干系人（最终决策者除外）。因此，除了支持人员的数量外，关键支持比要考虑采购决策者及影响者对项目的影响力大小，还要考虑他们在当下采购阶段的参与程度。

在采购的不同阶段，采购干系人的影响力大小会有变化。销售经理在分析时要考虑这三个要素（椅子角色支持者人数，影响力大小，采购阶段影响者人数），识别项目的关键支持比，可以借助下面的表格和公式对关键支持比进行估算。

椅子类型	职位 / 姓名	支持度	阶段影响力	阶段参与度
高背椅				
沙发椅				
红木椅				
合计				

关键支持比 = 阶段影响力 × 阶段参与度 × 支持者人数 / 采购干系人人数

通过对采购干系人的支持者数量、采购项目的阶段以及采购干系人对项目当前阶段节点事务的影响力大小这几个维度的数据分析，可以获得关键支持比的估算。需要注意，阶段影响力和阶段参与度的估算是非数据化的，没有办法准确地计算出来，而是一种可能性的评估，只是对一种状态的描述，可以作为销售经理的项目竞争策略分析依据。

如果真的可以计算出项目能否成功，也许销售这个工作就失去了些色彩和乐趣。我们所处的商业环境是复杂多变的，在最终结果出来之前，一切都是可能变化的。

03 销售的阶段目标

有些销售经理在拜访有潜在销售机会的客户时，常常会问的一句话就是：“请问你们有 ××× 方面的需求吗？”或者更加委婉地说：“您好，我想了解一下您有什么样的需求，看看是否有可以合作的地方。”这一类销售开场白背后隐藏着一种假设，销售经理找到的是有明确需求的客户，即客户已经有购买需求，并且还没有完成采购，如果不是这种情况，就会导致这次对话的结束。

如果客户有购买的需求，那么销售经理希望客户购买自己的产品；如果客户没有购买需求，那么就不是目标客户，销售经理需要继续寻找新的客户。这样的销售沟通方式，看起来好像没有问题，但实际上并不理想。有时，客户有需求但自己没有觉察到，或没有办法描述清楚，这样的客户在这种销售沟通方式下就会被错过。

一个专业的销售经理，是以最终结果为目标开始进行销售过程规划的。以终为始的目标设定，从时间轴的角度，可以分成两个阶段，前半段是当下的合作，这个项目的销售规划。后半段是这个项目之后长期陪伴同客户共同成长的阶段，人们常说走一步看三步指的就是类似于这种情况。销售经理在和某一个客户沟通之前，要进行一个假设，能够和这个客户合作多久？一年、两年、三年……最终达到什么样的一个合作目标。在这个目标下，当下应该如何和客户建立关系。而这种假设的定义，就决定了销售经理打算付出多少精力在这个客户身上，计划从客户的合作中收获什么。

专业的销售经理先考虑的是长远的目标，如何和客户合作，建立什么样的关系，然后再考虑当下客户采购项目的成交机会。而注重眼前利益的销售经理，考虑的是当下这个项目如何能获得客户的采购订单，考虑的比较少，没有那么长远。

那考虑长远的销售目标会给销售经理带来哪些帮助呢？对客户采购项目进行分析时会有什么样的影响呢？可以想象一下，如果你计划和一家企业建立 10 年的合作关系，那么在第 1 年，你会如何设计销售方案呢？在没有考虑 10 年的合作关系的基础上，直接和对方沟通采购需求，目标是年底签项目，那当下的项目销售方案又该如何选择呢？

对比你的思考结果，是不是和下面的描述有些类似的地方。

如果有 10 年的规划，你可能考虑的是为了达到 10 年的目标，需要和客户建立一种什么样的关系。在这种关系的支撑下，当前需要考虑如何保证长期合作关系的目标，从大局考虑如何处理当下的事务。要想保证长期合作的目标，有一个必须要攻克的难关，就是无论当下这个项目的商务条款是什么样的，无论这个项目订单是签还是不签，都必须保证同客户合作的关系不能丢，也就是要始终保持相互信任的关系，保持一种随时都可以合作的可能，让客户认可销售经理个人的能力以及企业品牌，对销售经理所推出的产品或服务方案有信心，无论客户本次采购选择还是不选择，需要在客户的认知中留下销售经理所提供的产品或服务方案是可以满足采购需求的印象。

要想做到这一点，销售经理必须要明确：

自己的愿景是什么？如果实现了又会怎么样？

客户的愿景是什么？如果实现了会怎么样？

可以先考虑销售经理自己的愿景是什么。销售经理期望能够和客户建立长期的合作关系，在客户选择供应商、选择产品的时候，优先选择销售经理所提供的产品。如果销售经理能够做到这点，那么销售经理在向客户提供产品或服务方案的时候，就会有很大的概率成交，长期来讲会有持续稳定的合作，会带来长期的收益，并且能够在客户那里获得很好的影响力。

重点是客户的愿景是什么。作为采购方，客户更关注的是自己的采购目标是否能实现，而不是使用了哪一家企业的产品或服务方案。客户更关注如果自己使用了这样的产品或服务方案后，企业会有什么样的变化和收益，能够给企业的经营发展或企业管理带来什么样的帮助。企业希望自己综合考虑各种因素，选择了一个非常值得信赖的供应商，做出了最佳的采购选择。

04 赢单的要点是“失控”

赢得采购订单，对销售经理个人的直接意义是证明自己的能力，这是核心目标，是销售目标，也是终极目标。销售经理能否按期完成销售业绩，就看是否能将这一个或几个目标客户谈妥，能够从竞争中胜出，获得签单的机会。销售经理越对赢单有期待，对采购成交时间的要求越紧迫，就越期望自己的客户（采购企业）能按自己的想法实施采购进程，比如采购的产品或服务方案选择标准（招标的需求方案）的设计和采购的操作进度节奏快慢等。

有些销售经理过于自信，总认为自己可以引导客户的采购需求，即使产品或服务方案满足不了客户所有的需求，自己也可以推动客户签单。殊不知这样做后患无穷。复杂销售项目的特征之一，就是在签单审批的时候客户方面可能是由三五个人做出决定的，但是在采购后，实施的可能是几十、上百乃至上千人，一旦出现问题局面会变得不可控制，还会对企业的经营产生影响。这时，销售经理想收回余下的销售款项，恐怕比登天还难。而要不到余款，对自己公司的商誉也会产生极大的影响。

我曾经不止一次地问过销售经理，有没有关注过在每一个销售项目中，你自己和客户（采购企业的决策人）之间是什么样的关系？多数销售经理都会非常迷茫地看着我，他们搞不清楚这个问题有什么意义，不就是推销者和购买者的关系嘛！或者说是合作关系。

这个问题是想让销售经理能清楚在和客户长期合作的目标上，双方合作的基础关系是什么。让那些把心思都放在如何赢得订单上的销售经理重新审视一下和客户的关系。面向企业销售的销售经理应该如何看待自己的身份，如何理解自己在销售项目中的身份定位？一个销售项目就像一艘驶向对岸的轮船一样，有一群人在操纵着这条船，作为一名销售经理，你认为自己在这条船上应该扮演什么样的角色呢？

对此，有位老销售经理讲过一个项目的情况。当时快到业绩核算截止日期了，按前期获得的项目信息，采购方目前也完成选型，接下来就是确认供应商了，可是，迟迟没有进展，当时他急得团团转，可却一点办法也没有。“这事儿，我急也没有用，关键还是要客户来执行这个采购动作，我们也无法控制这个采购的进程。所以，您这个问题我是有答案的。”

“我们和客户的关系，就是陪伴的关系，供应商像是伴舞的，主角是客户，项目刚开始时是客户和一群供应商的群舞，伴舞的供应商的动作大部分都是为了配合主角（客户）的，到最后，就是采购方和意向供应商的双人舞了。”

我认为这是一个很值得思考的说法，销售经理要时刻记住一点，采购是企业自己的事儿，在采购中并不是销售经理在主导采购动作，采购企业在这个过程中占有主导地位，尤其是在可选择产品众多的情况下。除非是单一来源的采购，供应商会有更多的主导权。可是，就算是单一来源，也要面临采购方是不是必须采购这个产品这个问题，如果不是，那么，采购过程处理不当，销售经理依然会有失去订单的可能。

许多销售经理总想主导客户的采购过程，包括产品的功能及规模，产品或服务方案的选择指标的设定等。在《失控》一书中，作者凯文·凯利谈到了人类与机器的话题。其中我注意到的是，未来，连人类制造出的人工智能都有可能不可控，一切都会处于失控状态。销售经理都想控制采购企业的采购过程，而事实上，即使是签了订单，也不一定是销售经理以为的那样，可能客户一直在按自己的思路进行采购，而销售经理觉得是自己的控制有了效果，尤其是中标的时候，销售经理为开始或一直存在的掌控感找到了验证的依据，但实际上，签单的结果也并不能证明这一点。

真正专业的销售高手，以长期合作为目标，以与客户的共赢为当下的要点，遵从客户的主导地位，当客户需要协助的时候，积极主动地参与到这个过程中，以配合的姿态助力客户圆满地完成这次采购。销售经理要坚持以客户为中心的服务理念，从服务客户出发，为客户着想，做客户的朋友，与客户携手同行，共同发展，成为跟客户长期合作的、值得信赖的伙伴。

第七章 435分析模型之5个常规性销售策略

销售经理在执行销售推进任务的时候，搞花架子是没有实际效果的，一刀砍过去，要达到省时、省力和高效的效果，即使做不到刀刀见血，也要将对手搞得手忙脚乱才行。

有一次，在主持一个销售渠道大区销售项目复盘时，我跟几位同仁聊到了这个话题。一个资深销售经理说这是新销售经理的通病，也是一些老销售经理的问题，就是不知道下一步应该做些什么事情来推进项目。当时我们是坐在一个茶馆里，看着茶馆的边柜上摆着的古代战车模型，我脑中突然闪出一个念头。

从《六韬》这本书中可以看到，周朝时人们已经熟练地将战车应用在战场上了。战车阵每走一段距离就要停下来调整方向和阵型，这种随时调整的方式，在当时对敌军的打击效果还是非常明显的。战车分为许多种，有巢车、云梯车等，场景不同，应用目的也不一样，合适地选择才能有效地达成目的，获得胜利。有时现有的战车都不太适用，就需要在现有的基础上进行改进，以便有效达成战果。

实际上我们可以将销售推进任务分成几种情况让销售经理去分析，根据项目情况让销售经理选择对应的销售策略（战车）。至于能否达到理想的效果就是执行技巧的问题了，技巧的问题可以通过让销售经理提升自己的沟通能力，以及构建结构化的思维能力来解决。如果沟通技巧没有问题了，那他们只要沿着适用的策略（战车），就必然能在项目的销售推进中逢山开路，遇水架桥。

根据面向企业采购的复杂销售项目情况，5 类作用不同的销售策略就应运而生，借用策略（战车）的力量，辅以适当的手段，销售经理就可以获得清晰的销售思路。

在制定行动规划时，能找到的推进方案有哪些呢？人们往往会划分 3 阶段规划任务：设定目标、规划行动、部署资源。例如，去同采购企业的某个领导沟通，提供一些信息给他，然后通过一些引导，提升他对自己产品的支持度；或者向他提出一些问题，和他讨论他比较有兴趣的业务问题，再进一步接触，了解他对采购目标的反应类型，这些都是可行的行动规划。

在很多项目中通过常规性销售策略和专业的手段就可以获得订单。

常规性销售策略就是从了解信息、推进采购 / 销售进程、专业支持、信任关系、激发动力这 5 类销售任务中根据项目进度选择销售任务，是 435 分析模型的 5 个常规性销售策略，也称 5 驾战车。

下图为常规性销售策略图。常规性销售策略中的项目采购信息包括显性部分和隐性部分，可以借助图中的冰山模型来说明。我们将图中的冰山整体理解为项目的全部信息，用水平面这条横线代表采购时间走向，即采购 / 销售进程，纵轴代表采购企业采购关键干系人对采购事件的认知，我们用采购目标认同度来衡量，从下到上代表认同度由低到高，显性的认知表现是价值认可或承认有待解决的问题，隐性的认知往往需要从关键采购干系人的行动或语言表达中获取。关键采购干系人多表现为否定抗拒（从现状到未来的改变）或舒服不动。初期阶段可能这些信息并不明朗，销售经理需要让这些信息明确清晰，这也正是销售经理需要不断同关键采购干系人沟通的重要目标之一。

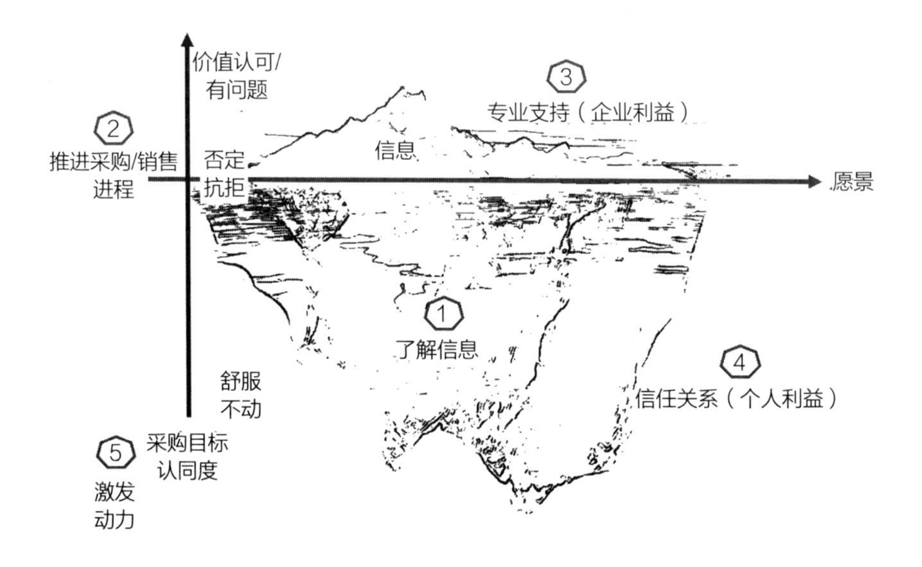

没有调查就没有发言权。销售经理首先要了解项目情况，将注意力放在如何推进客户的采购、帮助客户达成采购愿景上，对应客户采购动作制定自己的销售策略。推进项目销售进程是一种线性的销售思路，在这个过程中，销售经理要通过专业的价值呈现，获得客户的认可和支持。尽量从客户利益出发，赢得客户信任。复杂销售项目中的采购决策者的购买动力会影响到销售目标能否达成，销售经理要用适当的方式激发采购决策者的采购目标认同度，提升决策者对采购项目的重视度，让项目顺利进行，完成采购。

01 战车一：粮草先行，缺啥补啥

根据 435 分析模型，销售经理在接触一个新项目时，就要有意识地了解这个项目的 4 项重要采购信息和 3 个赢单要素。盘点这些信息情况，识别当下的采购方式，有目标有针对性地去查补信息。为了获得关键采购干系人的支持，销售经理要有效地推进与客户关注点有关的事情，为了能够增加销售的可能性，销售经理要与销售项目中必须要联系的关键采购干系人进行沟通，了解他对本次采购到底有什么样的看法，他的看法近期是不是有变化了。我们怎么去了解呢？将 4 项重要采购信息表填完，再将 3 个赢单要素的分析内容做完，完善对项目信息的了解。在大多数情况下，销售经理无法一次就全部掌握这些数据。

在搜集所需要的采购信息时，有些信息是需要和客户沟通获得的，销售经理要找到掌握信息的人并能够通过拜访这个人去获得这些信息。直接能通过拜访客户获得的信息就是 4 项重要的采购信息，对于这些信息销售经理应该早期和客户接触时就留意收集并验证。

如果有一个重要的采购干系人没有接触到，销售经理需要想办法去接触他，并了解他的看法。可以从采购企业内部去探寻，也可以去自己公司的业务交流群里询问："我有一个 ××× 项目，谁和客户方的人有过联系，可以帮帮忙吗？"其实我们并不知道真的会有谁认识这个客户方的重要角色，但通过这样的方式，可能会找到那个能够给你提供信息的人。

有的销售经理有非常好的技巧，除了获得这些必要的采购信息外，在跟客户初次拜访时，会探寻客户对这个采购项目的重视度，客户是不是表示出来很重视，业务部门主管是否要介入采购，参与度有多大。要了解对方想要的结果是什么，为了能够满足对方的期望，需要提供一个合理的方案。3 个赢单要素的信息都是需要销售经理通过分析实际情况来识别的。

销售经理如果忽视或者是不理会某个采购决策者，这极有可能会（或在未来）给他造成一些麻烦，这是销售经理需要注意的地方。为了能更好地和采购决策者沟通，销售经理需要提前做一些准备。我记得有本书中讲过一个成功的出版社的社长，他是怎么获得名人和专家们的认可的呢？在他去拜访一位待采访的歌手或在电话交流之前，他会先找到这个歌手的专辑听一遍；

如果去拜访一位作家，他会把那个作家所出版的书买回来看一遍。通过这种方式去了解要采访的对象，了解对方的大体背景和思维方式，然后再去跟对方交流，这种方式帮助他获得了采访对象的认可，让他比其他人获得了更多的合作机会。

销售经理在和客户沟通前也要做好功课，了解一些客户的背景情况。例如，在和客户的高级管理者沟通时，要和对方保持在沟通内容逻辑上的一致性，领域内的知识是匹配的，对方感兴趣东西的你能聊得出来。

作为一个专业的销售经理，需要了解在项目的跟进过程中，掌握足够的信息才能更好地分析和判断项目的现状，为赢取项目的成功制定出合理的策略和行动方案。结合 4 项重要采购信息，从有效并完整支持销售分析的角度，我们可以列出需要了解的项目信息问题列表，来支持我们更好地进行销售分析。

采购目标

- 客户的采购目标是什么？
- 这个项目的采购主体是谁？
- 项目的预算确定了吗？是多少？可调整吗？
- 项目的具体采购时间是否已经确定了？计划是什么日期？

采购流程

- 客户是否已经对采购进行了立项？
- 客户在采购项目的启动上有什么规定？
- 客户有采购管理规范吗？如果有，其中对采购金额是否有审批权限的相关规定？
- 这个项目的采购流程是怎样的？

采购决策者

- 三类椅子上都有谁？他们对采购目标的看法如何？

- 哪些人在采购执行中有审批权限?
- 哪些人的影响力比较大?
- 参与这次采购项目的人在组织结构中的位置是怎样的?

采购方式

- 这次采购是以什么采购方式执行?
- 是否有相同类型的采购历史?目前情况如何?
- 有多少个竞争对手?竞争状况是怎样的?
- 参与采购的人对采购方案看法如何?

我们需要在拜访前整理自己对这些信息的了解情况，然后再思考一下，从将要拜访的目标客户那里最有可能获得哪些信息。我们要关注从拜访对象那里是否能得到真实的信息，对方是否愿意提供这些信息，需要满足什么条件对方才会提供这些信息。

我们应该根据对客户的组织结构及拜访对象的职位等的分析，列出这次拜访可能获得的成果目标。

每一次同客户交流，我们都需要重新审视这些信息的了解情况，提前分析需要获得的信息有哪些，是否能有机会获得，或是否需要验证已经获得信息的有效性，已经了解的信息是否已经发生了变化，在真实有效信息的基础上进行分析，是策略规划分析的重要条件之一。

正如本章开篇的常规性销售策略图所展示的那样，有些信息是在信息冰山水面上的，只要找对人，获得信息就是沟通技巧的问题了。还有些信息是隐藏在信息冰山水面下的，不容易获得，也许是立场的原因，客户不会和销售经理分享，也许是个人原因，客户不愿意或无法清楚地描述出来。无论是立场原因还是个人原因，销售经理如果想要了解，都需要先得到客户的信任，和客户建立友好、亲密的关系才行。

02 战车二：有的放矢，助力采购

我喜欢问销售经理的一个问题是："除了获取一些项目信息，拉近和客户的关系外，你还可以做些什么来促进销售？"销售经理在和客户的合作中，一个很重要的任务就是帮助客户实施采购，在协助客户的过程中实现自身的目标。

从时间上来看是从过去到未来，从采购前的现状到采购实施后的愿景，这是一个变革的过程。销售经理需要配合客户采购的任务，可以从定目标开始。

定目标，指的是采购完成到什么程度，阶段目标是什么。

为推进客户的采购进程，要去拜访一个企业客户的时候，你的步骤是什么？你应该跟拜访对象谈些什么？

了解他当下所处的采购阶段，然后协助客户完成这个阶段所要完成的工作，进入下一个采购阶段。

如果客户还处在初始状态，没有采购目标，当你出现的时候，你可以说服客户度过初始状态，见面可以成为一个激发点。客户可能还没有想到、看到、意识到问题，或者想到了但他没有行动起来，当你和客户沟通交流后，客户想到了、看到了或准备采取行动了，那这次的沟通拜访就是推进了采购进程。

拜访前你要分析，这个客户有潜在销售机会吗？

有潜在销售机会，就是客户有应用我们产品或服务方案的可能，我们的产品或服务方案适合客户使用。如果和客户沟通了很久，最终才发现他们不太可能采购，那对销售经理来说不是一个理想的结果，降低了工作效率。有效的方式是如果计划拜访某个客户意图进行销售，有个前提条件必须成立，这次沟通才会是有价值的。这个前提条件是什么呢？拜访目标有潜在销售机会。当然，并不代表客户已经有了采购的想法，严格意义来说这属于事前准备，拜访目标的清晰度要够。

有些销售经理是这样来推销产品的，客户只要有应用产品的环境，我们就一定有产品适合你。就是拥有的产品种类多，只要有应用环境，就有对应的产品来给你用。以此认定，客户这里有潜在销售机会，这就是销售目标客户。此时，销售经理觉得非常有信心，过了段时间，他发现拜访了那么多的客户，就是没有任何的项目机会。那到底问题出在哪里呢？其实就是拜访目标的清晰度问题。销售高手都定义了销售目标。

如果有目的地和客户沟通，协助客户从当下的阶段进入下一个阶段，销售经理就离成功又近了一步。

从目标定义到商机挖掘是销售经理根据客户的采购进程规划的销售动作。

目标定义和商机挖掘是连续的销售过程，销售经理拜访的客户如果有潜在销售机会，那他接触到客户的时候，可能会面临着两种情况，一种是客户已经有了变革采购的觉察了，另一种是客户没有觉察到变革愿景，此时，如果有可能，就要帮助客户激发出来，挖掘出商机。

定位：现在的采购位置在哪儿？

- 客户的采购进行到哪个阶段了？
- 接下来的工作内容是什么？
- 下个阶段的进入条件是什么？
- 谁来推动这项工作？

这些问题会帮助销售经理了解客户的采购位置。

阶段任务目标定位：到达下一站的关键任务是什么？

可以支持客户前进的方式有哪些？找对人，做对事儿。首先要找到当下推动采购阶段工作的承担者，获得他的信任，配合他完成当下的任务，然后进入下一个采购环节。

03 战车三：专业制胜，赢得支持

销售经理一直在努力地争取获得客户的支持，而客户支持的主要理由是销售经理所提供的产品或服务方案被客户所认可。一个专业的销售经理有很多工作在于争取客户的支持。获得采购干系人的支持行动，可以分成四个步骤来完成。

第一步，确认所需要争取的客户是不是采购干系人。只有采购干系人能够支持销售经理所提供的产品或服务方案时，对获得订单才有实质性的帮助。找对这些采购干系人，是获得支持的第一步。

第二步，确认需要争取的采购干系人目前对项目的支持情况如何。在这里我们讨论的支持，是对销售经理所提供的产品或服务方案的支持，而不是对销售经理个人及公司的认可。销售经理需要评估要争取的采购干系人对产品或服务方案的支持程度是怎样的，如果用分数来衡量的话，支持是 1~3 分，不支持是 −3~−1 分。需要准确地量化出来。

第三步，设定一个支持度增长的、可以准确量化的目标。

第四步，通过一些销售武器（详见第八章，支持策略的“7 种武器”），去实现支持度的增长。在这个过程中需要注意的是一定要有结果的度量依据，要用事实来证明结果是否达成了，支持度是否真的达到了期望的目标。

能否获得订单，有时要看采购干系人的支持比例。在这种情况下能够获得多数采购干系人的支持，那么获得订单的可能性就会增大。需要识别支持的人有多少，没有表态的人有多少，然后去争取那些没有表态的人的支持，再想办法去争取那些不支持的人支持，这个过程可能会覆盖整个的项目销售周期。

度量客户的支持程度，重点体现在企业价值上，不是去简单地了解客户支持程度是什么样的就可以了，我们要做的是提升将客户的支持度，把不支持的转变为支持，支持的变得更支持。而这部分工作是销售经理要重点考虑的，在实施的过程当中，可能要借助于全公司的力量。例如售前、顾问、实施团队和服务团队，高层经理等。

04　战车四：积极沟通，构建关系

深度合作建立在亲密关系的基础上，销售经理需要和客户构建亲密关系。怎样和客户建立亲密关系呢？销售经理需要关注两个概念，采购中的客户企业价值和个人价值（详见第四章）。

我们借用一个场景来说明。假如公司要给每个销售经理配备一台笔记本电脑，一共需要 100 台左右。由于采购量比较大，公司经过前期认真的筛选，最后剩下两个品牌的电脑可选择，一个是售价 15000 元的苹果笔记本电脑，另外一个是售价 8000 元的联想笔记本电脑。老板找到了一些业务骨干，想征求大家的意见。现在老板问到了你，你的建议是买苹果笔记本电脑，你给老板的理由是苹果笔记本电脑高端、高效，有助于提高工作效率，带来业绩增长。这些都是能说出口的理由，也叫企业价值。你没有向老板说的是你已经拥有了一台苹果的 iPad，如果再有一台苹果的笔记本电脑，那么你就可以很方便地进行数据传递，会有很愉快的体验感。使用苹果笔记本电脑是你一直所期望的。你没有说出的这些就是个人价值。

企业价值是可以清晰地被描述出来的，而个人价值往往不会也不易被描述出来。

在企业价值的沟通中，客户关注的是供应商的专业性，体现在需求和解决方案的沟通中。个人价值所对应的是对销售经理的信任。在可以信任的基础上，客户才会和销售经理聊些个人价值方面的信息。

大多数时候，销售经理会关注客户的企业价值这部分，尤其是“指导者”，几乎通篇的销售方案中所描述的全都是企业价值，不会也不能将个人价值体现在解决方案中。这样，个人价值就需要靠销售经理去把握。我个人认为关于企业价值的部分应该由售前顾问来重点支持，关于个人价值的部分应该由销售经理来负责满足。

销售经理在日常的销售沟通中，需要了解客户的个人价值，了解这些给销售带来的帮助是很大的。例如项目金额从500万元降到400万元，也许在销售经理决定降价的那一瞬间，会让原本支持你的客户陷入尴尬状态。因为最初他提出的理念就是一分价钱一分货，高价格带来的是高质量。结果你降价了，那么他很有可能会从支持你的人变成反对你的人，这和客户的个人看法有关。还有一部分一开始就力主低价的人，会不会因为你降低了价格而支持你呢？不一定。

销售经理一定要把企业价值和个人价值分清楚，并且能够在销售中有针对性地去关注客户的个人价值，建立信任。需要注意，我们经常会将自己认为的客户想法和客户的真实想法（个人价值）混淆了，我们总以为客户应该是那样的。如果一个销售经理经常这样说：“没问题，我觉得客户应该会同意。”这种情况大多是他将自己以为的和客户实际的想法混淆了，把客户的感受评估标准假设为和自己是一致的，认为自己的决定跟客户的想法应该是相同的。

这是一种非常危险的思维方式，如果销售经理这样做了，那么带来的后果是极其严重的，被这种想法误导，制定出来的销售策略会不可靠，所以我们需要再三地提醒自己，一定是客户的感觉、客户认可的个人价值才是真实的。必须要明确既不是我们自己的，也不是我们想象的，而是客户的。

从采购角色的椅子类型可以了解采购干系人在关注什么，无论是客户方的哪一个角色，他都不会否认，坐在这把椅子上就要从职责上考虑这次采购给企业带来的价值是什么，但是当这个采购干系人进行投票或行动的时候，他还会考虑到自己个人价值的部分，这个部分取决于他的个人发展及意识，取决于他的生活状态。那他如何来考虑这个部分呢？个人价值有可能会涉及的除了工作环境影响还有家庭的影响，以下这类问题可以帮我们找出个人价值：

如果购买了这个产品或服务方案，会带给我成就感吗？会让我脱离痛苦吗？会让我避免损失吗？是我未来生存的需要吗？这些是许多客户方人员会考虑的。

而这些内容一般不会在企业的采购过程（工作）中去讨论，这是内在的部分，是隐藏在冰山下的部分。采购干系人选择一个产品或服务方案，真实的理由除了产品或服务方案符合企业的需求，满足他们所关注的企业价值外，还有个人内在的需求。当他们感觉到某个销售经理值得信任，还可以满足他的个人需求时，他就会更愿意支持那个销售经理所推销的产品或服务方案。

了解客户内在的需求，满足客户内在的需求，才能让客户感受到自己被理解了，客户才会从情感上认同销售经理。销售经理成为最懂客户的那个人，自然会获得客户的友谊，能和客户建立亲密的关系。在做事情之前先解决与客户的关系问题，事情的推动才会顺利。

建立和客户的友好关系并保持下去，是销售经理需要时刻关注的目标之一，非常重要。

05 战车五：激发动力，提升意愿

采购干系人什么样的反应是我们期待的、对成交有帮助的？什么样的反应是有负面影响的、阻碍销售成功的？

既然反应类型是可变化的，是针对当下具体事项的，不是人们日常的工作态度和性格，那么我们可以考虑采购干系人对采购目标的认知和个人看法。而不同的角色会有不同的认知，因此，我们首先要识别采购干系人属于哪一类反应类型，如果对采购有负面的影响就需要转变它。我们可以选择一个需要转变反应类型的人，有针对性设定期望的目标反应类型，最后想办法影响或推动这个采购干系人从当下反应类型转到目标反应类型。

四种反应类型中的哪些类型是需要转变的，哪些是不需要转变的呢？需要根据销售情景来分析。

客户的心智模式

一个处于舒服状态的人能不能产生积极的斗志呢？怎样让一个懒散的人变得努力有上进心呢？让他看到未来更美好。更美好的是什么？例如找到价值点。在销售方法中有一种叫价值销售，从理论上来说是基于这样的思路。

销售经理可以给客户带来什么样的价值呢？价值分成两种：一种是有形的，一种是无形的。有形的价值是非常清晰的，比如对客户讲，如果您能够购买我们的产品或服务方案，现有的 200 名员工可以减少到 100 名，这可以极大地降低生产成本。这是一个很好的价值描述。但如果客户很在意人员规模，只有公司规模超过 200 人才能够得到某些投资商的青睐，那他会拒绝这种价值。

打动客户的价值应该是符合客户的心智模式的，如何将价值主张深入客户的心智呢？我常常用“手电筒效应”描述——在黑暗中拿着打开的手电筒照在一个位置上，人们的目光就会聚焦在这个位置上，看到平时被忽略的东西。

我们很难直接找出客户一定会认可的价值点，实际上价值来自于客户自己的评估。当我们期望客户从舒服不动型转到价值驱动型的时候，把手电筒的光指向某一个具体的位置，然后邀请客户去看一下，告诉客户“看到的是什么”，然后再让客户“看一下”，这需要有良好的信任关系基础，客户愿意按照你的建议去看手电筒的光所照亮并且凸显出来的那个位置。他会有自己的观点，当他觉得那正好是他所期待的，这时他的状态有可能会改变。

对于一个认为企业经营得非常好的人，你让他看看 3 年之后企业会怎样。我们的手电筒指向了 3 年后，询问对方，如果依然是这样的工作方式，3 年之后企业会有什么样的发展呢？经营业绩还会理想吗？我们把手电筒照到同行业的竞争对手，问客户有没有注意到竞争对手在快速提高产品质量，提高市场占有率。这时候客户开始关注企业的竞争态势。有没有看到现在的商业竞争逐渐从线下转到互联网的趋势呢？这种趋势会带来什么样的影响？客户会思考并关注这个问题，一旦他有了新的觉察，那他也就看到变革的价值。

拖拖拉拉转有序推进

价值驱动型的采购者，有时对时间并不是特别关注，他会综合考虑价值的不同之处，也会选择更高价值的目标，采购的紧迫度不一定会很强。如果由于时间周期等各种原因，销售经理期望客户尽快完成采购，采购紧迫度低就是个待解决问题。

提高采购紧迫度实际就是提升客户的采购意愿，激发客户的采购动力。如果将客户从价值驱动转为问题驱动，会带来什么样的帮助呢？这会增加紧迫感。客户在采购过程中，如果有痛苦、有待解决问题就会有紧迫感，会紧张起来，加大对这件事情的投入。销售经理帮助客户发现痛点、找到痛点、放大痛点指的就是这种情况，我们可以通过强调问题的严重程度、影响程度，引导客户关注到存在的问题，理清思路，加快采购进程。

当我们能够让客户看到问题、感受到问题的严重程度时，客户就会从价值驱动型转为问题驱动型，会提升采购的紧迫程度，投入更多的精力，尽快完成相关工作。

有两种采购反应类型的“顽固分子”会让销售经理比较痛苦，就是舒服不动型和否定抗拒型这两种，要么就是没意愿没动力，要么就是有强烈的意愿和动力来反对采购，这两种都需要改变。

舒服不动转问题驱动

舒服不动型的人不会积极求变，他们享受当下的一切，将变革类的事务视为麻烦，这种情况对销售是极其不利的。为了让这类人积极地对待采购这件事，一种方法就是“当头棒喝”，让舒服状态的人在痛苦中关注、发现并认可当下的问题，认可问题会让他痛苦。舒服不动型的人只是没有注意到问题，我们需要帮他识别出来，这样他就会转为问题驱动型了。

还有一种方法就是让客户意识到来自未来的危机，就是告诉他尽管现在的状态是舒服的，但马上就会不舒服了，可能来自于环境的影响，或者内外部的变化。当他对这些有所关注时，他就会看到问题，一旦他看到问题并且认可这个问题的时候，他就会转到问题驱动型。

让客户看到问题并不是一件容易的事，需要权威人士来实施才更有保障，最好是客户认可的人，比如行业的权威专家、业内的知名人士，或者是客户比较敬重的人。当然，如果是社会地位比较高或权力比较大的人，也会产生相应的效果。

销售经理不仅要让客户看到问题，还要能让客户感觉到痛，这样他才会有动力去改进。这需要我们在和客户沟通前就要了解清楚，哪些问题是客户比较关注的，会带来较大影响的，选择这类问题进行专业的分析，从各种角度让客户看到问题，感到痛苦。

这几种思路都可以参考使用，帮助客户从舒服不动型转为问题驱动型，从不积极的采购态度变为积极的采购态度，对采购的推进将产生正向的帮助。

否定抗拒转价值驱动

否定抗拒型的人会抗拒和反对采购事务，他认为新的解决方案不如当下的方案，他不支持这次改变。既然他不支持这次改变，那就需要销售经理去解决。如何才能调整这类人的反应类型呢？调整、转换的目标类型是哪种呢？

需要看情况处理，可以先考虑转到问题驱动型。一个持有反对观点的人，如果你告诉他他错了，他会有什么反应？很可能他会想尽一切办法来证明他没错。除非你对他有较大的影响力，否则很难让他认识到问题、改变观点。转问题驱动型在执行上会有些困难。

还可以转到价值驱动型，让他看到价值，当他反对、抗拒的时候，我们让他看到更好的地方、更美的情景，他是否能够感知到呢？他可能会有意地忽视你指给他看的价值，他依然会觉得那不是最好的，他会找出各种理由来证明，不值得进行改变。这是说服的过程，和转问题驱动型不同的是，这种方式并不是否定他的现状，而是认可他的当下。在这个基础上，再邀请他看看更好的那个情景画面，他才有可能会认同这更好的未来，值得争取。在这样的情况下，改变反应的可能就发生了。

让否定抗拒型的人转变很难。我们可以尝试，但要了解这种转变的难度，如果没有更好的选择，必须帮助客户改变，倒是可以尝试一下，否则，还是远离他比较好，将时间放在更有效率的事务上。既然很难去说服他，那就要客观地去分析，可不可以置之不理，接受他的这种否定抗拒的状态存在呢？这对我们顺利赢得这次采购的订单会产生多大的影响呢？我们能否在他存在的基础上依然获得成功呢？这些都是要销售经理充分考虑的问题。

06 全面出击，整体作战

5驾战车的销售策略选择是在获取客户采购项目信息基础上进行分析的，在这个基础上推进客户的采购进程，提升支持比。赢得信任、构建亲密关系和影响“顽固分子”都是为了增加客户对我们的支持程度。这些战车在选择应用时是相辅相成的，一个阶段性的销售目标可能是由几类战车构成的复合战队。

我们知道获得有用的采购项目信息需要和客户建立良好的关系。有目的地获取信息，有利于增加竞争优势。亲密关系也有助于增加支持程度。影响“顽固分子”，转变他的看法，建立亲密的关系也可能实现，所以我们会说构建亲密关系是基础，而销售经理一定要通过了解信息同关键决策者建立这种亲密关系。亲密关系从商业角度来讲也是信任关系，之所以用了亲密关系这个词，是指除了信任之外，还要有更加紧密的情感连接。

例如，有两个供应商的品牌影响力差不多，那么，哪一个供应商的销售经理和客户的关系更近一点，哪个销售经理就赢得了更多的机会，这其中信任程度起了非常大的作用。除了信任之外，还能够增加竞争优势的就是亲密关系，客户在信任的基础上，可能更愿意和有亲密关系的人合作。销售经理有了优于其他竞争对手的亲密关系，也就具备了明显的竞争优势。

针对战车的选择，我们需要先了解客户当下的采购状态，比如客户组织及人员职责有变化，变化后的客户的企业价值和个人价值是什么？他对于这次采购的反应（采购目标认同度）是怎样的？他对我们的支持程度怎么样？他对项目的影响程度怎么样？在这个项目中我们的竞争状况如何？采购的进程怎么样？可用的资源有哪些？由此，找出我们的销售策略和阶段行动目标。

第八章 资源：支持策略的『7种武器』

要达成销售的阶段目标，需要销售经理根据销售策略选择适当的方式（以下称销售经理的“7种武器”），具体如下。

1）技术交流：寻求售前顾问、专家或实施服务专家的支持，在业务和技术领域同客户进行沟通，达到为客户扩展思路、答疑解惑、引导客户建立适当的系统规划的目标。

2）需求调研：对产品或业务领域知识比较熟悉的专家同客户就需求进行沟通，分析梳理客户的需求要点，和客户共同对需求方向和内容进行整理，找出适合的需求范围和重点。

3）产品演示：在现场或以远程的方式为客户演示产品的功能及操作方式。

4）方案呈现：为客户讲解满足需求的产品或服务方案，有时是利用PPT讲解，有时是利用静态或动态模型。

5）样板参观：带客户去实施应用情况比较好的老客户那里参观交流，以达到效果评估和信任证明的目的。

6）商务公关：通过各种拜访或其他形式的交流互动，增进客户对销售经理的好感和认同，对关键客户的拜访覆盖度达到100%的目标。

7）高层沟通：协调公司的中、高级管理人员和客户的关键采购干系人进行沟通，以便让客户了解公司对客户的项目的重视度，同时也解决了沟通角色层级的匹配问题，让相同级别的人员进行沟通。

01 选择正确的手段

销售经理针对不同的问题应采取不同的应对措施，不同的应对措施会有不同的效果。目标是计划的成果，效果是操作的质量体现。如果选择的手段出现错误，即使产生好的效果也不一定会达成目标，例如，中国传统的刺绣工艺，俗称“绣花”，需要把一块布用框固定，使其变得平整。通过运针将绣线编织成由各种图案构成一幅精美的作品。除了要求画面生动，还要讲究精致细腻。想象一下，两位相同水平的大师级的人物，其中一位用普通的缝衣针，而另一位拿着绣花针，完成的作品各位能想象出不同。

在实际工作中，不同的手段会有不一样的效果，我们需要考虑目标成果是什么，哪个成果是我们最想要的，我们应该选择与目标成果最接近的方法，兼顾成本低、操作简单。

接下来我们可以将销售经理的 5 类问题和“7 种武器”进行匹配。在不同类型的问题下，销售经理应该选择使用哪种“武器”呢？应该如何运用“武器”才会有更好的效果呢？

1）了解信息，当项目的采购进度、客户的人员情况、竞争情况等信息不足时，需要系统地获得客户的采购相关信息。

问题：① 什么样的人可以提供这些方面的信息？

② 通过什么样的情景及方式有可能获得信息呢？

③ 这些方面的信息能客观反映实际情况吗？

对“7 种武器”的分析情况如下表所示。

	目标效果	实施难度	成本费用
技术交流	较差	高	高
需求调研	较差	中	中
产品演示	差	中	中
方案呈现	差	高	高
样板参观	差	高	高
商务公关	好	低	低
高层沟通	较好	高	高

2）按客户要求提供服务，根据客户的采购动作配合相应的操作。

问题：① 客户提出的是当下采购过程的阶段需求吗？

② 客户真实的期望是什么？如何提供产品最适合？

③ 提供的方式对后续获取订单会有哪些影响？

④ 如果实施了这个应对措施，对实现销售会有帮助吗？

⑤ 客户对我们的评价会有改善吗？怎样确认这个改善的出现？

对“7 种武器”的分析情况见下表。

	目标效果	实施难度	成本费用
技术交流	较好	高	高
需求调研	较好	中	中
产品演示	较好	中	中
方案呈现	较好	高	高
样板参观	较好	高	高
商务公关	较好	低	低
高层沟通	较好	高	高

3）实力证明。在客户询问是否能满足需求时，实际上是客户对服务能力的探询，探询是否有过成功的案例。

问题：①客户为什么不确认或不信任？

②解决的手段有哪些？

③采用这种应对方式需要考虑的重点是什么？

对“7 种武器”的分析情况见下表。

	目标效果	实施难度	成本费用
技术交流	较差	高	高
需求调研	较差	中	中
产品演示	好	中	中
方案呈现	较好	高	高
样板参观	好	高	高
商务公关	较好	低	低
高层沟通	较好	高	高

4）增加支持。客户的某些采购干系人对采购不太积极，或对销售经理的认可度低。

问题：①是客户自身的原因吗？什么原因？采购干系人是舒服不动型还是否定抗拒型？

②是对销售经理个人不满意、不认可吗？为什么？

③目前的条件下可实施哪种“武器”？

对“7 种武器”的分析情况见下表。

	目标效果	实施难度	成本费用
技术交流	差	高	高
需求调研	较差	中	中
产品演示	差	中	中

（续）

	目标效果	实施难度	成本费用
方案呈现	差	高	高
样板参观	较差	高	高
商务公关	较好	低	低
高层沟通	较好	高	高

5）解除异议，客户对公司、产品或服务方案、服务水平认可度低，直接或间接提出了质疑。

问题：①提出质疑或异议的具体原因是怎样的？

②谁来处理会更有效果？

对“7种武器”的分析情况见下表。

	目标效果	实施难度	成本费用
技术交流	较好	高	高
需求调研	较好	中	中
产品演示	一般	中	中
方案呈现	一般	高	高
样板参观	较好	高	高
商务公关	好	低	低
高层沟通	非常好	高	高

02 专业的商务拜访

一次专业的商务拜访，一定是双方都有收获的：我们对拜访过程和拜访结果感到满意，拜访对象认可我们的专业和态度。

我们可以从拜访前、拜访开场、拜访沟通、拜访收尾几个方面来讨论如何完成一次专业的拜访。当然，从成长的角度出发，加上拜访复盘（总结）就更完整了。

拜访前

在约好时间和地点后，我们要进行拜访的前期准备。需要考虑客户期待的我们是什么样的。我们可以用TOP（Time Object Place）法来核检我们的专业形象。

T-Time：时间，结合当下的季节和需要呈现的风格，将自己的外在表现设计得与之相符。

O-Object：目的，我们拜访的目的是什么，哪种类型的服饰比较适合我们的身份定位。

P-Place：地点，我们在什么地方见面，需要注意什么，什么样的形象可以和这个场所融合而不显得突兀。

还要考虑一下如何确定自己这次拜访的目的达成了，做一个沟通的对话准备。

在对话中，不要期待着有先后顺序，那太理想化了。实际上对话往往是随机的，是难以把握和预判的，因此，我们不提顺序，只列出问题，以便在实际沟通中有所准备，获得期待的结果。

当需要获取相应的信息时，我们可以使用的问题有哪些？最好的选择是准备一个简单的沟通策略，弄清楚最好的结果是什么，如果无法顺利达成，那么可接受的次好结果是什么。这样，我们才能做到不慌不乱，灵活应对。

小提示： 可以给自己准备一个清单，列上需要准备的一些事项问题，这是许多成功人士都有的一个好习惯。

拜访开场

在见面之前，如果有机会和对方再确认一下时间和地点，以给对方足够的时间和提示，那是最稳妥的。

在面对面交流时，好的商务礼仪是非常有必要的。要知道，人们通常先关注的是你这个人，然后才是你的商业角色。

见面之初，礼节性的问候和生活方面的交流是非常不错的开场，能起到拉近关系、缩小距离的效果。

正式开场时，我们可以用结构化概述来做开场，分三个部分：

1. 今天沟通的目的、结果的价值陈诉。
2. 建议的沟通流程说明以及对时间的估算。
3. 礼貌性地确认，给予对方尊重。

例如："您好，张经理，我上周和您电话约好今天来面谈一下关于贵公司信息化建设的方案，以便您了解当下企业信息化的发展趋势及我公司的成功解决方案，支持您在后续的信息化建设管理中快速推进。我想先介绍一下我公司在信息化实施方面的经验，然后我们了解一下贵公司目前的需求，针对贵公司的实际情况，看看后期如何来支持您这边的工作，最后确定接下来的事项。整个过程大约会用 40 分钟时间。您看这样可以吗？"

拜访沟通

在具体沟通的过程中，你需要考虑对方对这次沟通的兴趣点，不能只根据自己的目的来提问题，而是先询问对方的情况和想法，了解对方的诉求，围绕着满足对方的需求来确定沟通的中心点。在对方描述的过程中，你要注意了解对方是否提供了你需要的信息。

阶段性的问题结束后，你可以和客户直接沟通下一个问题，直到最终沟通的结束。

沟通过程中要注意多听、少说、多观察，一定要搞清楚拜访对象要表达的意思，如果其表述的某方面信息比较模糊，你可以直接提出来，就你听到的、理解的，向他确认：“是这样的吗？”

为了更专注地倾听，我们可以从以下三点着手：

1. 关注对方。将目光投向对方面部的三角区（双眼和鼻子的中间），这样有助于让对方感受到我们确实在注意他说了些什么。
2. 适时回应。在沟通的过程中，通过点头或重复对方的一些关键词来明确沟通信息的同步。
3. 黄金静默。当对方表达的信息我们无法立即给予适当的回应时，需要适当沉默下来，这会让我们的思路更清晰，同时给对方一些时间，也许他会在这个时间内换一种方式进行沟通。

我们时刻都要牢记，沟通是双方的合作模式，一味考虑自己的得失，会失去对方的信任，降低对方沟通的意愿；一个理想的沟通过程，是双方的畅意合作、共同分享成果的发展过程，在交流中除了关注自己的目的外，更需要关注对方的目的、带给对方的价值。

拜访收尾

在每次的拜访会谈中，在什么时间结束也是一个需要关注的事情。从成果的角度来分析，我们需要从以下两个方面来考虑：一是商务拜访的目的是否达成；二是自己的行为是否符合商务礼仪。

理想的目标达成后，就应该进入收尾阶段了。作为拜访者，我们要以客户为中心。有时我们的拜访目的还没有达到，却发现客户已经有结束对话的表现，那这时，我们就要尽快地准备结束沟通，不然会让对方反感。这就需要我们时刻保持关注，去发现这些迹象。例如，端茶送客；突然客户转换了话题，开始说关于时间方面的事情。这时要询问是否结束或另找时间交流这类的问题来了解他的想法。

一个好的拜访收尾，需要具备以下几个要素：

1. 有沟通过程的总结性概述，与开场的沟通大纲相呼应。
2. 有结论性的沟通成果呈现，可以向沟通对象进行确认。
3. 有后续活动的安排信息，以便延续沟通，建立联系。
4. 最重要的是有谢意的表达。每一次的沟通都是一个机会，是我们需要珍惜和感谢的。

完整而理想的拜访沟通过程应该是流畅的，是双方思想的交流、感受的分享、事务的分析。尽量要保证过程的流畅，将需要交流的事项尽量充分地展现出来。

拜访复盘（总结）

计划没有变化快。我们无法保证每一次的目标都能实现，但我们可以让自己做得更好，这就需要我们不断地努力提升自己的能力，将每一次的拜访沟通过程都回顾一下，看看自己这次做了哪些对实际拜访结果起到促进作用的动作；还有哪些更好的选择和方法，将这些信息收集起来，在下一次的拜访准备中考虑进去。

如此不断地规划、实施、思考、优化，相信我们一定会变得越来越优秀，客户对我们的拜访也会越来越期待。

03 用故事实现销售

参观公司和老客户系统样板，也就是安排客户到公司或标杆客户那去现场参观。这需要与标杆客户建立深度信任。

参观的内容安排可涉及许多方式，包括案例的讲解、应用场景故事的分享，参观研发中心、生产线、IT中心等。客户在参观期间的衣食住行，娱乐活动等，也要当成一个专项的展示。每项内容的安排都需要有特定的意义并经过认真设计，需要进行系统性的规划和内容核验。

讲故事和销售之间到底有什么样的关联呢？根据罗伯特·麦基的思考，现代营销的目的和故事最初的目的都是试图在对目标进行确定。

罗伯特·麦基在1997年出版了《故事：材质、结构、风格和银幕剧作的原理》一书，主要是教人“如何讲好一个故事”。讲故事和销售经理说服客户的底层逻辑是相同的，所以麦基认为假如要和采购干系人沟通，没有什么比讲故事更合适的了。

那么应该怎样讲好一个故事，确切地说该怎么讲一个能帮助销售的好故事，把故事用在商业营销里呢？接下来我们就说说麦基的故事化营销技巧。麦基认为一个成功的营销故事不仅是一个好故事，更要带着明确的商业目的和营销技巧。像谷歌的创始人拉里·佩奇，亚马逊的创始人杰夫·贝索斯，他们讲的故事都带着明确的商业目的，只不过他们把这些目的藏得很深，让听众以为自己只是听了一个故事，却不知内心的消费欲望已经在不知不觉间被调动起来了。

那么应该怎样讲一个适合销售目标的成功故事呢？我们可以总结麦基的创作方法，把这个技巧简单归结为1+3，就是一个6字要诀：生活、冲突、颠覆，加上3个核心要领。

一个完整的好故事，应该是这样的：主人公原本的生活被打破，他为了重新找回生活的平衡，一次次努力并且最终达到了目标，而且这个目标的意义一定会超过他最初生活的意义。一个有说服力的营销故事，首先得是一个好故事，它需要满足生活、冲突、颠覆这个要诀，同时还要让购买者产生一定的认同，能击中消费者的痛点，并且在故事的结尾留有余地，吸引消费者产生购买行为。

3个核心要领分别是移情认同、负能量引导和不满足感。首先我们来看移情认同，让听到或看到故事的人把故事中的人物情感转移到自己身上，产生共情，必须要让目标消费者意识到他和主角之间有共同之处，最好让他觉得故事里的角色和我是同一类人，所以他需要的东西一定也是我需要的。接下来的关键不是对方到底是什么样的人，而是他们以为自己是什么样的人，例如一个 IT 部总监，他可能只是一个普普通通的管理者，每天过着朝九晚五的生活，但是假如你按这个形象去塑造故事中的人物，是不会成功的，因为在这个 IT 总监自己看来，他是芸芸众生里最特别的那一个。你必须按照他的内心自我形象来塑造你的故事角色。

第二个要领叫作负能量引导，我们一直都认为好故事必须有正能量，但外界认为在故事营销上再正面的故事也需要从负面的设定开始，这其实是一个营销业内老生常谈的问题，那就是找到客户的痛点。我们要在客户的心理堡垒上撕开一道口子，例如在功能饮料的广告中，我们会看到开篇往往是一个身体疲惫、精神萎靡的人，但喝完饮料之后他会变得精力旺盛，充满活力，这种转变的关键就在于你要抓住消费者需求的痛点，然后从这个痛点切入故事完成讲述。

第三个要领叫作不满足感，一个成功的营销故事就需要“挖坑”。客户在故事的结尾一定不会得到满足，只有他听完故事并且应用或感受之后才会得到满足。

那么，在不同的情景下，应该怎样应用营销故事？我们可以从三种场景来准备成功故事。

第一个场景是兴趣激发。我们在和客户进行初期接触的时候，需要先解决一个基本的问题，就是让客户愿意投入时间和我们深入交流并且再次约聊。想要达到这个目的，就要让客户对和我们沟通这件事产生兴趣，引发客户的兴趣关键点。

要引发客户兴趣关键点，需要提前了解对方企业的行业特征、行业发展环境以及对方的岗位角色的常见问题状况等。在和对方沟通前，列出 3~6

个拜访目标可能的关注点，尝试性地和客户进行匹配，激发对方的兴趣。在没产生兴趣的时候，客户不会给我们太多的时间。我们必须要在很短的时间内快速而完整地讲完这个成功营销故事，不然，可能对方不等你说完就结束了这次对话，或根本没有听你在讲什么。

第二个场景是实力呈现。有的时候客户会关注几个问题：

1. 你们有没有能力来做这个项目？
2. 你们做没做过这种项目？
3. 你们有没有过成功的经验？

问这些问题，往往是客户有了采购目标，也对自己的现状和实现目标的需求有了一定的清晰认识，对实现目标的解决方案也有了相应的了解。在进行方案选择的时候，客户常常会提出这类问题。这个时候我们可以通过成功故事来向他证明我们有这样的能力。要想达到这样的效果，我们必须要做到让客户有移情认同。在这种场景下的成功故事，要能让你的客户把成功故事中的角色转移到自己身上，意识到他和你所讲述的成功故事之间有相似之处，他能感受到故事中的角色的状态和想法，就会觉得在同样的情况下，既然故事中的角色做到了，那么他也可以做到，也就认可了我们的服务能力。需要注意的是，在这个实力呈现的场景当中。许多销售经理仅仅用叙事的方法介绍了成功案例，而没有关注客户的移情认同，无法起到被客户认可的效果。所以，不要用叙事的方式，而要用成功故事的方式来进行实力呈现。

第三个场景是方案引导。在和客户进行了一段时间的沟通之后，当客户的观点、想法以及客户对解决方案的思路和我们的期待有所不同时，就需要去引导、说服对方。举个例子。客户在信息了解阶段，对实现目标的需求以及解决方案的衡量指标有了一些看法。你在沟通当中发现客户对解决方案的选择指标设定对我们的产品或服务方案不利，这时，你就需要去引导说服对方调整选择解决方案的指标。

在说服的过程中，成功故事是一个比较好的方法。如果我们直接告知客户应该如何选择采购的产品或服务方案，这种说服方式，很难让客户认同。但如果我们用讲成功故事的方式，就会容易很多。例如，我之前在做一个项目的时候，那时我们的 ERP 并不支持 oracle，只支持 SQL server，而客户坚持要求系统支持 oracle。如果这样，我们就没有机会了。为了能够赢得这个项目，我们必须说服客户改变。最初的时候我们一直在强调是否支持 oracle 不会产生什么本质的影响，但是收效甚微，一直无法让客户改变主意。最后我们通过一个成功案例的故事，让客户转移了关注点，获得了这个订单。

成功故事的应用场景小结

1. 兴趣激发：要和目标沟通行业发展、岗位相关的关注点的准备，快速试探性匹配，激发兴趣。
2. 实力呈现：建立信任，要做到让客户有移情认同，相信我们有能力可以做到。
3. 方案引导：显示专业性，用成功故事引导客户改变观点，认同我们的产品或服务方案。

04 有说服力的方案呈现

“情况怎么样？”

从客户那里又一次回来的冯亮，面对部门经理直入主题的询问，轻轻地回应道：“还好，挺顺利，对方的态度挺好的！”

“太好了！”经理有点兴奋。

看到经理眼中的期待，冯亮不由自主地说：“不过……还是没什么进展，悬在半空中，不痛不痒。”

“怎么回事？”经理的目光变得严肃起来。“感觉……张总好像没什么兴趣，虽然我们聊得挺开心，他对我的态度也非常好，但是他对我们的产品没有主动深入了解的意思。”

“听你这么一说，好像还真是有点问题。”经理若有所思。客户为什么会表现出不是特别感兴趣呢？

FAB 法则

FAB 法则是一种说服性沟通的结构。如果你能将其充分理解并运用到日常的工作、生活中，会使得自身的影响力逐渐提高。

首先了解一下 FAB 法则的概念：

FAB 法则中的 FAB 即 Feature、Advantage 和 Benefit 三个英文单词的首字母缩写，这三个词分别代表属性、作用、益处，按照这样的顺序来进行介绍，能让对方相信你的（产品，方案，观点，理论）是好的。

Feature 代表产品特性（颜色，气味，材质……），是产品的固有属性。

Advantage 代表产品作用（防水，坚固，精细……），是产品的优势。

Benefit 代表产品益处（耐用，舒服……），是对客户产生的积极影响。

按照这个介绍顺序，可以用这样的方式来进行：因为……所以……这就意味着……

怎样利用 FAB 法则

Feature、Advantage 和 Benefit 三者在逻辑上相互连接，具有倾向于积极方面的特点。由于具有这样一个能对对方有利且积极的特点，因而能给对方带来有利而积极的影响，十分具有说服力。

请注意，对话的语言逻辑顺序取决于当时的沟通背景，我所提及的介绍顺序是指常规情况的表达顺序，在实际应用时要灵活处理。

利用 FAB 法则来沟通，可以激发客户的兴趣，发现所讨论事件的价值。不难发现，利用 FAB 法则介绍的说服力明显更加强大，而最重要的一点就在于通过作用和意义让你的对话给对方提供了与其息息相关的价值点，进而打动对方的内心。

在商业沟通中，一般对成交影响最大的两种角色是“决策者”和“影响者”。正确的沟通逻辑思路是关注主要决策者，进行意义层面的说服；同时要把价值点放在主决策者的“影响者”身上，进行放大关注，这样的沟通表达往往事半功倍！

05 高层领导沟通的“使用”原则

经常有销售经理和我说没有办法和客户的高管接触，约不上对方，或者见了面也无法顺利进行交流，往往是三言两语就结束了谈话，然后就没有下文了。

我欣赏那些能够和客户高层管理者有很好的交流的销售经理，也注意到有些销售经理无法做到。这些销售经理特别期待自己能在这方面有所提升，期望自己和各种岗位的客户都能顺畅交流，能聊得有价值并且具有良好的沟通氛围。实际上，努力提升自我固然重要，但更重要的是如何利用好高层领导间的交流。

复杂销售项目不是销售经理一个人的战争，而是团体战，需要整个团队进行配合，高层领导间的交流是其中的一种重要手段，就像扑克牌中的“王炸”一样。你可以得将其视为一种武器，并且是一种非常有威力的武器，但不能轻易使用，因为“很贵重”。

有几种情况需要考虑使用高层沟通这个“武器”，在这几种情况下，用这个“武器”才能高效达成效果。

第一，在销售推进有些迟缓的情况下，当客户的管理者尤其是处于高位的总经理、总监一类的角色，不愿意和销售经理沟通，提及或表露出销售经理是否能调动公司的资源、所承诺的事情能否有效时，就可以请出高层沟通这个“武器”了，这时对项目推进会有帮助。

第二，当客户的关键人员较多，并且职位级别相差较大，例如超过两级了，这时销售经理和较低职位级别的客户沟通比较频繁，和高职位级别的客户交流较少时，可以安排高层领导间的交流。这对客户的高层领导是一种权责对等的尊重，也会解决一些无法达成一致的问题。

第三，当项目规模比较大，例如采购金额在千万元以上，客户的审批已经涉及总裁级别的管理者时，销售经理最好不要自己一个人和客户所有的角色商谈，需要考虑客户眼中公司对这个项目的重视程度，需要给客户一种安全感，这时安排高层领导出面是非常有必要的。

第四，需要和客户商谈战略合作时，通常这不是销售经理可以决定的，安排高层领导沟通是明智选择。

高层领导沟通的使用原则是，慎用、少用、必须用。慎用，就是不能随意安排，毕竟领导的工作都很忙，如果没有重要的事情，安排了还不如不安排。少用，是指作为销售经理，自己能做的就自己做，不能总让领导出面。必须用，是指每个销售项目，都要至少安排一次高层领导交流。有高级别的领导出现，会让客户认可公司的态度和重视程度，对服务的效率和质量有信心。要做到轻易不出手，出手不空手。

第九章 竞争性销售策略

常规性销售策略有时并不能帮助销售经理获得订单。当每家供应商都在努力推进销售，用专业的能力、诚恳的态度和高超的沟通技巧来推销自己公司的产品时，除非你有绝对的独特性竞争优势，否则，很难会有大概率的赢单可能。在常规性销售策略的基础上，销售经理还需要更多地对项目进行竞争局势的识别，从整体角度分析项目的赢单可能，通过竞争性的销售策略分析，使用战略性思维，通过各种假设的情景演化分析后，制定赢单的销售竞争战略。

如何看待竞争，决定了你采用什么样的策略应对竞争，所以站在制定策略的角度，我们有必要再深入分析一下对“竞争”的认知问题。

很多销售经理是盯着竞争对手推进销售项目的，他们把销售竞争看成是一场竞技对抗，把对手打倒的人就是胜利者。他们的竞争理念是：打跑对手，压制对方，单子就是我的。他们把大部分精力都放在竞争对手身上，如果站在以成果为目标的角度看，这是费力不讨好的方法。

如果你认为销售竞争是一场你和对手之间的拳击赛，那就想想谁在看你们比赛吧。显而易见，最重要的观众就是采购决策者（关键客户），作为观众，他最想看到什么？不出意外的话，他当然愿意看到你们鹬蚌相争，而他渔翁得利，从中获得最佳采购收益。

可能有人说，为了赢得订单，无所谓。但问题的关键是，这样可能会让你离胜利越来越远。当你把主要精力都用来关注竞争对手的时候，这其实采取的是一种跟随策略。竞争对手说，我的系统稳定性强，你跟着说，我的系统从不崩溃。你的本意是告诉客户，我比他强。但是客户的感受可能是，他（对手）更加有深度、更专业！

跟随意味着没有主见，放弃了主导地位。把注意力放在竞争对手身上，会影响销售经理对客户的关注点聚焦，分散了精力，无法以客户为中心。

竞争态势的分析识别可使用单一竞争、优势、平手、劣势四种竞争定位来区分。如果是单一竞争，基本上竞争对手就是采购企业的内部，是采购还是不采购的问题。在这种情况下，销售经理要做的是提供专业的服务给采购方，依据 435 分析模型，主要考虑其他三种竞争态势下的销售策略。

01 识别竞争态势

通过 435 分析模型中的 3 个赢单要素，我们可以识别出当前项目的竞争态势，是具有竞争性的优势，是和竞争对手处于平手状态，还是处于劣势。

在项目推进过程中，定期对在跟的项目进行信息度量与分析，可以看清项目的阶段竞争态势，识别出当下自己在竞争中的优势与不足，预测项目的发展趋势。通过常规性销售策略和竞争性销售策略可以推动项目进程，增加竞争优势，及早采取对劣势的补救措施。

识别项目竞争态势，首先考虑自己是否处于竞争优势位置（先想好事），再进行劣势分析（最差又能怎样），最后考虑是否处于平等竞争的情况（见下图）。

1	2	3
□ 同行者（已同行） 或 □ 最终决策者（认同）	□ 同行者（未识别/已识别） 或 □ 最终决策者（异议）	□ 同行者（已识别） 并 □ 最终决策者（中立）
优势	劣势	平手

1. 优势位置

成功地在客户内部识别出同行者，并已确认对方和我们进行采购合作，指导我们进行相应的销售行动，基本上可以确定我们在这个项目中处于优势的位置。如果没有找到采购的同行者，没有“指导者”来支持并指导我们进行销售推进，但是我们能够获得最高决策者的支持，他认可我们的产品或服务方案的价值，相信我们的服务能力，也是占据优势地位的证明。

识别验证，以下两点满足其一可认定为具有竞争优势地位：

1）已经找到采购方志同道合的“指导者”，他相信销售经理的能力，在行动上能表达出对产品或服务方案的认可，在选择上支持，并愿意和销售经理共同推进采购进程。

2）客户方的最终决策者表态，认可产品或服务方案的价值，并表达出对公司的信任和支持，在行动上有共同推进采购进程的行为。

据统计，在已经赢得订单的项目中，销售经理找到了同行者并让其作为自己的“指导者”来指导自己的销售行为的，占总体赢单数量的 92%。当统计范围扩大到所有的统计项目中（包括了赢得订单和丢掉订单的），那些找到了同行者并使其作为自己的“指导者”来指导自己的销售行为、赢得订单的，达到了85%以上（见下图）。

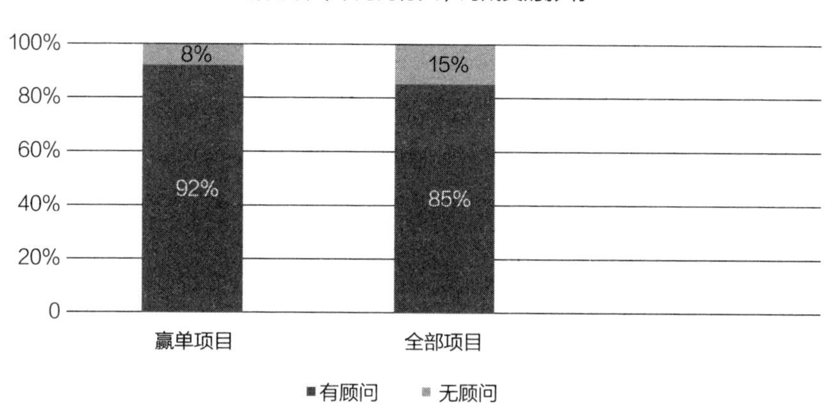

已经赢得订单的项目中，获得最终决策者支持的项目占比为95%以上（有些项目中的最终决策者一直没有实质性地参与采购活动，在签订订单前并没有明显的选择态度）。在所有的统计项目中，获得最终决策者支持并赢单的项目占比为92%以上（见下图）。获得最终决策者支持，但未获得订单的几个项目，基本上是由一些不可抗力因素导致的。

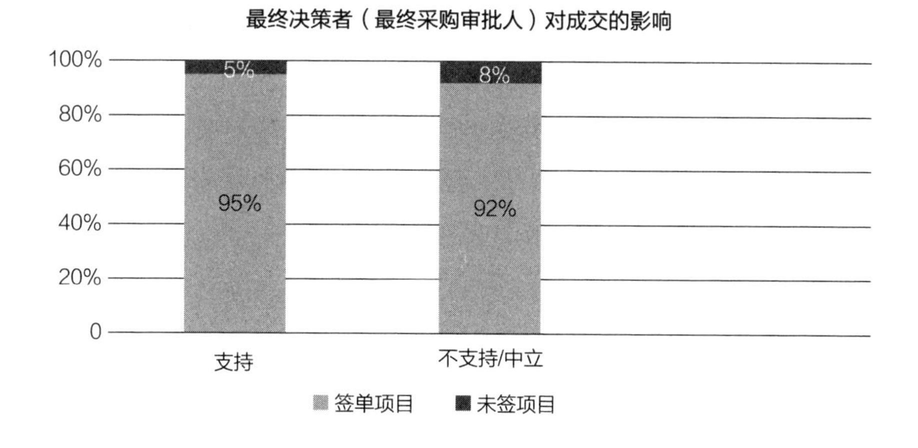

2. 劣势位置

劣势位置一般表现为：采购企业的采购干系人对竞争对手的产品或服务

方案表示认可，明确地提出了价值认同（语言或行为）；最终决策者在针对几个供应商的态度上，表现出对竞争对手的产品或服务方案更感兴趣；其他的相关决策者在价值认同上，多数的采购干系人没有显示出支持我们的产品或服务方案；采购干系人的支持比低于平均值（各供应商的采购干系人的支持比均值）。

以下三点，满足其一便可认定处于劣势竞争地位：

1）客户方的最终决策者表态认可竞争对手的产品或服务方案价值，并表达出对竞争对手公司的信任，在行动上有明显的认可性行为。

2）竞争对手找到了客户内部的“指导者”，并已经与其建立了良好的信任关系，在推进采购的事件安排中，双方的合作很密切。

3）在采购干系人的支持比上，竞争对手的支持人数最多，并且这些支持者对项目的影响也比较大，同时，最终决策者又没有对任何一家供应商表示支持，显示出中立态度。

4）采购干系人对销售经理的产品或服务方案有具体内容的异议，并且问题是客观存在的，而此问题在竞争对手的产品或服务方案并未出现。采购干系人非常重视这类问题。

3. 平手格局

最终决策者没有对任何一个供应商的产品或服务方案表态，未支持也没有提出异议，其他采购干系人也基本没有显现出倾向性，没有对任何供应商的产品或服务方案表示出认可、支持。所有供应商都处在平等竞争的情况下，在采购干系人的看法中，各供应商的产品或服务方案各有优点和不足，并没有哪一家公司的产品有绝对的优势。

我做销售管理时是用项目漏斗管理部门项目，每月都会对部门所有的销售项目进行审查。漏斗里的项目实际上最能体现出销售是否还有机会，但这并不意味着漏斗里的项目越多机会就越大，还要看项目的质量。漏斗里的项目的最终结果有三类：要么是签了，要么是丢了（客户选择其他产品或服务方案了），要么是项目终止了。有时项目并不是因为客户不购买而终止了，而是客户换了一种方式实现采购目标，自己生产或找到了其他替代方案。

所以，复杂销售需要考虑的不仅仅是和同行竞争，只要客户没有采购销售经理所推销的产品或服务方案，无论客户做了什么样的选择，对销售经理来说都是失败的。

对竞争态势的分析，除了同行外还要考虑的有：

1）客户自己生产或采用替换方案：这种情况非常普遍。例如详细分析了需求后，对解决方案的产品价格不认可，或出于安全考虑等原因，从内部找资源进行产品的生产开发。

2）预算被挪用：这也是民营企业的常见现象，本来计划使用的预算，因各种变化被挪为他用了，或者原本准备的金额被挪用了大部分，导致采购无法按计划实施。这种情况下，客户基本都会直言相告。

3）改主意了：对原有的采购愿景有了新的看法，决定暂停采购项目，要重新考虑。这实际上就是终止了，不做了。跟这种项目越久，销售经理受到的伤害就越大。面对这种情况，有些销售老手会重新定义采购目标（愿景）。在不利的情况下，打乱棋盘，重新开局，变被动为主动。

在分析竞争态势时，还要考虑客户的采购方式，如果是特种产品采购方式就不需要考虑客户自己生产的问题，比如一些技术难度比较高的信息化系统，基本不会有自己做的可能。有些单一采购来源（定向采购），主要是买还是不买的问题，在销售过程中，对这种情况销售经理不需要做太多的规划设计，掌握好沟通技巧，表现出专业的服务和态度，对客户来说就符合期望了，如果过多地考虑销售策略，可能反而会让对方反感。

02 以优制劣的杠杆思维

中国武术源远流长，太极拳的《打手歌》中写道：“任他巨力来打我，牵动四两拨千斤。”这描述的是一种技巧，以小力胜大力，借力而为，从而取得意想不到的效果。在销售策略的规划中，也需要应用这种方法，通过杠杆原理，利用可借用的一切来获得更高的回报。杠杆的支点，就是我们要借用的地方，找到项目竞争中可借用的“支点”，去撬动解决困难问题（当然所有的问题都可以，重要的是需不需要借力，有时繁复的操作不如简单的手段更适合）。

在销售竞争中，如果有以下情况出现，说明获得订单有些风险，在竞争中有些问题了。

- 项目信息不清楚：采购目标、采购流程、采购干系人、采购方式等需要知道但不知道、不了解的信息。这是重要的问题，也许不知道也能获得项目订单，但绝对是小概率的幸运事件。销售经理必须要重视这些信息，不能将偶然当必然，靠运气是不行的。
- 要素条件没有满足，不确定谁是潜在的“指导者”，不清楚最终决策者的态度等，这些都是非常严重的问题。
- 根据识别三种椅子的方式，没能找出所有的椅子上的人，或者找出来了但一直没有任何接触，这是非常大的风险，未知就意味着对方可能不认可你，但可能认可竞争对手的产品或服务方案，所以，没有找全并接触所有的采购干系人是风险问题。

- 只靠自己的经验感觉，没有使用专业的策略分析方法。由于大项目周期长，期间经常会有各种人员职位的调整、组织部门的变化等情况，没有专业的方法，可能会漏掉许多重要信息，无法采取有效的销售策略和方法，这种情况对赢单不是好事。

要解决这些问题实际上并不复杂，关键是要有方法。受人类思维特点的影响，人们在遇到比较难解决的问题时，会自然地想逃避，会去找更易实施的方法，或忽视问题的重要性，或期待靠运气就可以躲过问题。可是，问题的存在是客观的，关键是你想不想识别，有没有方法识别，问题一旦爆发，就有可能是致命的！项目中的问题，是策略分析的重要部分，如果没有找出这些问题，赢单就没有保障。

这些问题是销售经理要解决的，也就是排除项目的不确定性，增加成交的概率。要解决这些问题（影响赢得订单的劣势），就需要以优制劣的杠杆了。

什么是优势？优势是指客户认可的东西，客户认为你的产品或服务方案有价值，功能设计上专业性强，能满足企业价值和个人价值，这就是你竞争的优势。优势大多是比较主观的认知，不是产品当下的价值亮点，而是客户认为的亮点。

例如，如果客户的 CTO 认为我们产品的技术设计是当下最佳的架构设计，他对产品的技术架构非常满意，这就属于一项可以借用的优势了。

识别优势的方面有：

- 关键采购干系人表示认可，认为我们的产品或服务方案相比其他供应商的要更具吸引力。验证这类信息非常重要，要验证两个方面，一是他支持你，二是他会帮助你，这样的支持可以称为销售优势。

- 客户的关注点和我们的销售卖点可以匹配，我们具有的独特性的价值刚好是他们在意的。例如是公有云的，不用客户购买硬件，而客户关注的是不要产生其他的应用环境类的支出，这就是匹配的。
- 这个优势是经得起考验的、可以拿出来展示的。例如，客户的高层经理说你的方案最好，但他只是私下和你说了，并不想公开这个观点，这就不是优势。如果他能在会议上说这个看法，公开表态了，这就是优势，你可以以此证明自己的产品才是适合的，借此说服其他人。

不寻找项目问题的销售经理不是销售高手。销售高手会去找问题，找到项目的赢单风险问题和已有获得的优势有哪些，利用优势解决问题。

这说起来容易，做起来就不那么容易了。找到应该找的人，选择正确的方法来解决问题是个比较专业的话题。从实用的角度来看，如果我们了解了每种解决问题的手段的特点、用法及能够达成的效果，那么我们就可以在问题发生的时候，选出适当的方法工具去解决问题。

03 找出适当的解决方案

爱因斯坦说："同一层面的问题，不可能在同一个层面解决，只有在高于它的层面才能解决。"我们也需要从高层面对问题进行分析，然后再找适当的方式（要先知道有哪些方法可以使用），最后确定具体的步骤。根据前文介绍的"5 驾战车"和"7 种武器"，我们要了解当下是在哪驾战车上，根据每种武器的实施难度、成本以及能够达成的效果，选择更适用的战车。这样我们在应对销售过程中的各种问题时，就会找到适当的思路和高效解决问题的方向。

销售经理采取有效的策略才能够达成阶段性的销售目标。一般来说，销售策略行动方案会分成几步来规划设计，先了解信息，然后分析数据，判断竞争态势，最后选择常规性销售策略方案或竞争性销售策略方案。

具体来说，销售经理要有目标地从沟通对象那获取项目信息，分析项目的关键信息、项目情况目标清晰后进行数据分析，设计出合理的行动方案来实现目标。

最后，销售经理还要多角度考虑，有哪些可调用的资源，应该如何使用这些资源？将所有可能的达成目标的行动方案一一罗列，从中再选择省时、省力、有效的方案，形成一个最佳的行动计划。

许多销售经理问过我，不是应该先考虑资源再考虑选择方案吗？这个问题的答案就是，不要给自己设限，不要限制阶段目标的可行性，开放创新的思维会带来更多的可能。如果先考虑资源问题，往往会从资源的调用难易程度上考虑可行性，这同我们的成果导向的关注重点有些差异。我们希望销售经理以获得项目订单为目标，在进行阶段目标的设定和销售策略规划时，先考虑如何才能获得最优的效果，然后再查找支持方案所需要的资源，以保证设计方案时的开放性及完整性。不要被资源所限制。资源是达成目标的工具，在效能上具有选择的多样性，是可以找到替代品的。

达成目的方法是有多种可能的，没有唯一的答案。可能所有的思路最终都会得到同一个结果。终点清晰了，去往终点的路线是可以利用策略分析出来的。针对选择的路线，具体的实施方式就可以灵活多变了，也许一时间没有找到最适合的工具，但只要方向对了，总会达到终点。

04 优势盘：固强制弱

在竞争中取得了优势地位也并不意味着胜券在握，因为一时的失误也会使竞争的局势发生转变，从优势地位变为劣势地位。

三国时期的大意失荆州就是关羽在具有绝对优势的情况下丢掉了荆州，好不容易占到的优势位置，彻底失去了。《孙子兵法》有云：“计利以听，乃为之势，以佐其外。势者，因利而制权也。”意思是，有益的计谋被采纳，就会形成有利的态势，作为辅助的外在条件。所谓有利的态势，就是在局势对我方有利的条件下，采用灵活机动的变化策略掌握战场的主动权。可见，掌握主动权，有主导地位才是优势的重要体现。

在战场上，局势瞬息万变，如果不善于把握优势，将优势扩大化，掌握战争的主动权，最终的结果还是无法预料。这种战局转变，却往往是致命的。

商场如战场，这种智谋，也适用于销售竞争中。在复杂销售项目中，供应商中谁有更多的优势，谁就会掌握主动权。即使是占据优势地位的供应商，也需要立足当下，小心谨慎，以免犯错导致满盘输。

在销售竞争中，处于优势地位时，销售经理需要的是稳扎稳打，步步为营。以稳为主，给客户以足够的信心，能够帮助客户实现期望的目标，解决当下的问题，提供优质的服务。在策略制定时销售经理可遵循以下几点：

1. 从大局出发，全局统筹。基于客户的需求要点，从整体上帮助客户规划设计解决方案，各种影响因素都要考虑到，以免被竞争对手以点带面地攻击。
2. 抓大放小。分清轻重缓急，掌控重要的事务，树立权威的形象，在能力层面建立专业的形象，让客户信任，不能让竞争对手提出的问题影响到客户的信任，不聚焦在具体事务上的争论，而要站在整体角度直接将这类问题清除。

3. 稳扎稳打，小心谨慎，尽量减少失误。做每件事都要考虑是否能符合客户的期望，因为客户这时的认知是首选的服务商的能力是比较强的，这种感觉让客户提高了评判标准，一旦表现不如意的次数多了，会被竞争对手从优势位置上挤开。
4. 坚守阵地，打保卫战。找出自己的短板并改进、完善，尽量做到让对手无从下手，不给对方留下任何进攻的机会。
5. 全面推进，步步为营。在采购进程上要全方位地协助客户，有清晰明确的进度计划表和在采购事项的各阶段需要完成的工作清单，提供各种工作所需要的工具资料供客户参考，帮助客户梳理出关键的工作节点，确认工作的成果和关键点，定好责任人及时间，并及时跟进进度，提供符合客户期望的支持。

要时时关注如何扩大优势，强化优势地位，以成为客户的首选供应商。销售经理要了解自己和客户的关系应该如何构建。陪伴客户是一种比较好的方式，陪伴是指要让客户感到是客户自己在主导，销售经理可信任并有能力帮助自己一同完成这个采购过程，达成采购目的。销售经理要让客户充分信任自己，这里的信任不是单纯的对专业能力的信任，是对销售经理个人的信任。要知道，企业采购是企业和企业的商务关系，客户关注的是企业的产品或服务方案的专业性、适用度和服务能力，客户非常清楚销售经理的角色定位，所以这时，客户关注的不只是销售经理的专业能力，还包括销售经理的办事能力。能不能相信销售经理给出的承诺，这是销售经理个人给客户的感觉，客户会通过观察和了解做出判断。

给客户树立可以信任的形象，销售经理可以在以下三个方面努力：背书、专业知识和办事能力。背书是需要通过关系建立的，有两种来源，一种是身份带来的，一种是熟人带来的。在专业知识方面，我们所掌握的知识不一定要比对方多，可以尽快地学习对方关注的领域的知识，这样就可以通过交流这方面知识的方式和客户拉近距离，进而达到增加好感、信任的效果。

办事能力体现为听得懂、说得清、办事牢，这几个字基本上覆盖了客户对销售经理办事能力的要求。听得懂，理解客户的需求，了解客户表达的问题是什么。说得清，说出的话客户可以理解，有逻辑性，条理清楚，不能颠三倒四地说不相关的东西。办事牢是信任的基础，办事靠谱，说到做到非常重要，一旦说了做不到，或前后矛盾，都会影响客户的看法。例如，在初次报价给客户时，客户要求报个实价，别虚报。销售经理报了 150 万元，客户看到报价说："开什么玩笑，怎么会 100 多万元？"这个销售经理又报价 98 万元，最后还是丢掉了这个项目。因为客户的一句话就能从 150 万元降到 98 万元，这种报价方式让客户感到不可靠，对销售经理的看法变了，导致对销售经理所提供的产品及服务都感到不可信，这种感觉一出现，销售经理就已经失去了优势竞争位置，本来机会非常大的项目，让竞争对手获得了机会。

在背书、专业知识和办事能力上表现出色就可以获得客户的信任，但还不够，销售经理还要调动公司的所有可用资源，提供专业的表现，让客户相信公司有提供产品或服务的能力，这才能持续保持优势地位。

05 劣势盘：破釜沉舟

"破釜沉舟"以及"背水一战"描述的是一种绝境求生的翻盘好戏。用来形容处于绝境之中，为求出路而决一死战。

《史记·项羽本纪》有这样的描述："项羽乃悉引兵渡河，皆沉船，破釜甑，烧庐舍，持三日粮，以示士卒必死，无一还心。"

而韩信背水一战也是基于同样的道理。"陷之死地而后生，置之亡地而后存"。在陷入困境时，如果不顽强拼搏，不冒风险，没有一点置之死地而后生的精神，又怎能摆脱一个又一个的困境呢？

想要翻盘，销售经理需要有不成功便成仁的精神，找出突破点，要一击必中，不然可能的后果是直接出局。比较常用的方式是颠覆，可以考虑的主要方面有：重新定义目标、定义需求，重新定义方案。在这种情况下，对方原有的竞争优势很可能会化为乌有，双方的竞争位置可能变为平手，甚至可能因为主导这个重新定义的过程，我方反而直接从不利地位转为有利地位，成为客户的首选供应商。

颠覆意味着也否掉了自己原来的东西，实为一种孤注一掷的做法，需要有足够的勇气，也需要有相当重要的依据支撑才能做到。例如要重新定义采购目标，推翻原有的采购需求范围，可能拿出的依据证明了需要扩大需求，也可能是证明了需要缩小需求，也可能让时间从一年变更为三年或两个月，原本一次的采购项目变更为多次采购的长期战略项目，这都需要一个相当有力的支撑，需要采购企业的高层认可。

采用这种策略方式需要转变人的认知。人们的认知是受一些事件影响的，一旦形成很难改变，这时，需要新的事件来影响认知。新的事件对当事人的刺激越大，认知的改变就会越快（当然也许更坚定了原来的认知），在处于劣势竞争位置时，如果不能拿出一些有震撼力的东西，想让采购企业的高层管理人员转变是相当难的。使用这种颠覆的方式，需要重新定义采购，让采购方高层管理人员感到原本的采购思路有极大的风险问题，才有机会逆转局势，赢得订单。

执行这种策略需要注意的是：

1. 提出问题或建议的人要有权威性。只有采购企业的高层领导相信这个人的能力，才会认真考虑这个问题。采购过程中，每一步的执行都有相应的方法和操作规程，并不会轻易就整体推翻。
2. 提出问题需要站在更高的层面上，从上到下进行陈述，从更长远的发展，更广泛的商业环境，更重要的经营关注点等方面进行，超越当下的规划理念，提出更有价值的思路。
3. 最好有可借鉴的行业案例，相信权威的人并不一定会采用权威的意见，当有了实际的案例证明时，会增加说服的力度。
4. 在提出问题和新的解决方案时，使用具体的数据会极大地影响到对方的判断。因为人们对数据的认知非常直观，数据会给人们带来确定感。

高风险带来高回报。之所以不留退路，原因就是这种销售策略一旦提出，就需要一路向前，不能退缩，将自己放在一个更专业、更高水平的位置上，要么被认可，要么被鄙视。被认可就是绝境求生的翻盘好戏，被鄙视有时也只是阶段性的，或许过了一段时间，当现在的方案执行结果不尽人意的时候，就是客户的看法从鄙视转为专业可靠的时候。

06 平手盘：突出重围 / 侧翼冲锋

“奋六世之余烈，振长策而御宇内，吞二周而亡诸侯，履至尊而制六合，执敲扑而鞭笞天下，威震四海。”

战国时各国混战多年，直到秦王嬴政统一六国，威震四海。除了野心之外，他统一六国靠的是识人善用的谋略。在混乱之中取胜，虽有混乱仍能取得成功，实际上是把混乱视作必然，在混乱之中求得发展。

在竞争中，大家都没有什么特别的优势，采购方认为几家供应商都差不多，基本的要求都能满足，各有各的优点，但也都有不足的地方，难以说出哪一家更适合。这就是平手盘时采购方的看法。

混乱和不确定性对于没有明显竞争优势的销售经理来说，也是可供利用的机会。在竞争复杂的情况下，获得客户的认同，除了要有必胜的信念外，还需要有能一鸣惊人的策略。需要找到一个未被发现的问题或解决方案的创新点，抓住一个突出的价值点，创造出有客户关注的焦点，让自己的价值达到客户相对认同的高点。

没有优势就要创造优势，最好的提升地位的方式就是主动出击。去研究对手，从产品、品牌、人员及服务多方面着手，找出对手的优缺点。另外还需要关注采购企业的采购干系人，争取在对方的认知中留下痕迹，直到在客户心目中获得首选的位置。

突出重围

突出重围，需要从以下几个方面进行规划。

第一，找出客户最关注的焦点。如果客户认为价格不是最重要的，那么打价格战这种方式就没有什么效果了。销售经理在选择优势卖点的时候，需要以客户为中心，探索出客户的需求关注点和解决方案的评估要素是什么，以此作为选择优势卖点的范围。

第二，将所有力量集中在一个优势卖点上。集中足够的力量才会冲破目标。如果销售的优势卖点比较杂，比较多，客户有可能对任何一个都没有深入理解，没有在心智中留下痕迹。重要的优势卖点不用太多，有时一个就可以达到目的，建议不要超过三个。

第三，找出最有可能成为优势的重点。在相对力量差异不大的情况下，找出有力的方式或武器，才能获得冲击力。有时，价格就是一种有效的方式，不少项目最终都是价格最低的供应商获得了订单。

第四，表现出足够的霸气和信心。要有面对任何困难、任何险阻都会逆流而上的勇气，如果自己都没有多少信心，又如何能够去影响客户呢？还必须要有强烈的信念："我们是在帮助客户实现目标，如果不能让客户关注到这个重要的问题，客户的采购就不会成功，这也影响到我们的能力发挥，竟然没有说服客户做出正确的选择。所以，我必须要说服客户，这是我的责任。"

进攻的重点在于采用正确的进攻策略和手段。要正视对手，在进攻前制定详细的战略规划，确保一旦开始，就能冲出一条生路，避免初步胜利后，因为后劲不足而为他人作嫁衣，丢掉了优势位置。

侧翼攻击

《商战》中提出的侧翼攻击是商业竞争中常见的方法。要发动一次获取最终胜利的侧翼攻击，最典型的做法就是，用一个单点的优势去和竞争对手竞争，这个单点要选择竞争对手的非主要核心优势范围。竞争对手要想阻止这种进攻也是极其困难的。

从实力上讲，侧翼攻击是典型的弱者竞争的手段之一。

侧翼攻击成功的重要因素是奇袭。从本质上讲，侧翼攻击是一场奇袭战，是完全不可预测的。越让人觉得意外，获得成功的可能性就越大。意外的袭击可以打击竞争对手的士气，使其销售队伍受挫。侧翼攻击可以从产品、品牌、人员及服务等多方面着手。

侧翼攻击这种竞争方式有许多机会可以应用。在 IT 行业的销售中，采购企业的关键采购干系人往往关注产品或服务方案的功能和技术性能，无论他们如何选择，总是会有各种各样的理由来支持他们的判断，如果能找到其中一个关键点，突显出价值，反而能脱颖而出，取得胜利。

侧翼攻击需要从几个方面进行规划。

第一是要有想象力和预见力。常识性的问题和方式，竞争对手基本都能想到，既然能想到，自然也就有所防范。销售经理采取快速有效的侧翼攻击时必须出其不意，还要能想到各种可能性，尽早做出应对策略。

例如，关于价格侧翼攻击，心理学家罗伯特·B. 西奥迪尼就讲过一个故事。亚利桑那州一家珠宝店的一大批绿松宝石长期无人问津，在一次旅行前，店主急匆匆地写了个字条并让人转交给店面的销售经理："假若销售一如从前，价格 ×1/2。"也就是说，为了使这批绿松宝石尽快脱手，即使降价也要卖出去。几天后当店主返回时，那些绿松宝石竟然全部都已经卖光了，而且是以原价格的 2 倍，而不是以半价卖出去的，这是因为售货员把那张潦草的字条中的 1/2 错看成了 2，结果，价格的上涨竟然让这批绿松宝石全部卖出。

有一些产品定价高反倒带来巨大销量，因为这种高价能使客户对产品产生品质好的印象。

第二是要引导关键采购干系人的关注点。当客户比较重视某个技术点，但我们在这方面又没有优势时，说服对方的关键就是让客户认可新的技术点。例如，前几年在技术架构比较受关注的时候，有个客户非常在意服务端系统是否能跨平台，就连数据库也要求可移植，这对标准产品加扩展开发的销售来说绝不是个好消息，对全开发的竞争对手却不是问题。这时，销售经理可以引导客户关注性能及系统的生命周期，考虑到这些实际的因素，客户认为能不能跨平台和数据库有没有可移植性，并不是很重要了，原因就是他们根本就不可能用得上，没有实际的意义，反而增加了系统的复杂性，降低了性能。可见，当关注点转移了，看法也就变了。

例如，在一次上市公司的财报系统的需求采购中，北京中关村的一家不知名的小公司高调出手获得订单。因其早早推出了一个自研财报系统，在和一家大公司竞争中，没有因为自己公司小、没有知名度而低调竞争，在产品介绍时非常主动和大胆，直接对客户进行了"质问式"的产品推介，大打功能实用性和快速安装部署的优势牌，在价格和大公司相同的情况下，接连拿下几个订单。他们取胜的关键就在于，这种系统产品本身就不是大公司的主打产品，大公司没有做有竞争力的用户体验设计，而这家公司的产品最突出的就是功能实用，部署应用快，这原本不是采购企业的关注点，但在他们的引导下，采购企业认可了这种优势，就这样，这家小公司在财报系统中占据了一席之地。

第三是挑选关注点时要选择被忽视的竞争点。如果去抢狗嘴中的肉骨头，估计被咬的可能性极大，但去拿它身后的食盆中的肉骨头，成功率会更高一些。大家都盯着的地方，很难出人意料，在被忽视的地方，更容易找到机会。曾经有一个比较难的项目，就因为我们找了一家专业的安全系统公司来合作，共同服务客户，当时就让对手偃旗息鼓了，他们根本没做这方面的准备。而客户发现对安全隐患要非常重视，很快就决定采用我们的集成方式，确认了采购。

第四是做好充分的规划和设计，保证实施的效率。走一步看三步，在很多情况下，需要几个步骤连续实施才能达成目标。要考虑周全，执行过程中的技巧终归只是技巧，真正起作用的是规划和设计，事无巨细才能最大可能地保证结果。

如果竞争对手和客户的合作时间更长，客户会由于合作时间长，相互了解，协作机制已经形成而倾向于和竞争对手继续合作。这个时候，我们需要尽量和客户方内部更多的人进行频繁而亲密的接触，不要期望马上建立合作关系，通过在一些小事情上提供服务，来获得对方的好感，努力在客户的认知中留下理想合作伙伴的印象，争取合作机会。

第十章 案例分享

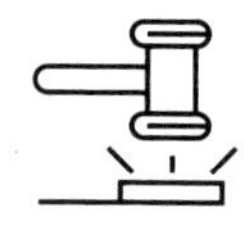

01 最后时刻的“异变”

这件事发生的时候我还在做业务，负责销售、实施和研发。在和一家比较有品牌影响力的企业商谈一个项目的时候，由于对方要求比较高，所以我就和另外两个知名的企业销售伙伴合作，大家共同来商谈这个项目。

在我们三家企业中，一家负责营销，维护客户关系，一家负责项目的方案的制定以及实施，另外一家负责安全解决方案的制定及实施。初期阶段一切都进展得非常理想，搞商务的伙伴跟客户关系沟通得比较到位，搞安全的这个伙伴也非常有实力，客户非常认可我们服务团队。我作为一个统筹方案的人，既要考虑大数据的分析以及数据的模型抽取，还要考虑到实施的项目规划以及项目管理，但这些都不是问题，毕竟我经常做这方面的业务，积累了不少经验。

在和客户面对面交流了四五轮以后，根据对方的需求我们提供了数据模型的构建思路以及数据抽取的方法。对客户提出的一些具体的问题，我们也一一进行了解答并得到了认可。客户最终认可了方案、实施进度计划和商务报价。于是我们提交了项目的合同文档，等客户返回盖章的采购合同，支付首付款，我们就会派人入驻，启动实施这个项目。

在等待合同返回的时候，我还接到了客户 IT 部门主管的电话，他希望我们马上派人入场开始工作，因为他们赶工期。而这时的我正在考虑的是合同签订之后，我们三家合作方应该如何配合，相互之间应该如何承担各自的责任，顺利地完成这个项目。关于派人的事情，我并不是很着急，在没有收到盖章的合同和首付款之前，任何人工成本都是没有保障的付出。

所以我温和地和对方交流，将入场时间尽量往后延。等了一周之后，我还是没有收到合同。

我内心深处开始感到了一丝不安，会不会出了什么问题呢？

通过负责商务的伙伴的打探，我们了解到客户将我们的合同终止了，并不是客户的采购终止了，而是和我们签订采购合同这件事终止了，客户直接和另外一家公司签了采购合同。

原因是这次采购的最终审批人有了新想法，刚好他认识的一个大数据分析供应商联系了他，想做这个项目，他认为这个供应商也有能力实施这个项目，所以他直接就将项目转给这个供应商了。

我们后期了解到，这个供应商仅仅在我们提交的合同文档中将乙方的名字改成了自己的名字，其他的商务内容以及解决方案几乎是一个字都没改，就顺利签下了这个项目。

相当于我们之前的所有工作都是为这家公司做的，可以说我们是为他人作嫁衣，忙忙碌碌一场空。是什么导致了这样的结果呢？在项目的销售分析过程中，我们忽略了一个关键的要素，那个权力最大的采购审批者一个人的看法就能够决定整个项目的走向，而我们一直都未联系他。事实上在销售过程当中我们并没有忽略他，我们再三和对方的 IT 部门负责人沟通询问最终审批人的意见。客户的IT部门负责人跟我们说，他的主管上级也就是这次采购的最终审批人，以前在采购时一直都是问一下情况就会签字通过，不用担心他有什么异议，也不需要和他进行交流，所以我们就没有和这位最终审批人沟通过。

而这是销售策略中的一个极大的风险，正所谓不怕一万，就怕万一，万分之一的可能出现了，而事实上最终审批人在过去的项目审核中从来没有提过自己的想法和意见，唯一的一次干预被我们赶上了，项目就丢了。这带来的结果是极其惨重的，前期所有的工作、所有的付出全都没有了意义，给我们三家供应商都带来了时间、精力和人力成本上的损失。

要注意，在项目的策略规划当中，任何一个关键点都是不能忽略的，关键点之所以重要，是因为只要出现了问题，结果就是无法挽回的损失。所以我们需要客观、清晰地认识重要指标的关键作用，必须考虑到所有的可能，对风险进行预判，万一发生了意外我们如何保证结果依然是我们想要的那个理想的结果，依然能够签下这个项目的订单。

事后，我们对这个项目进行了复盘，如果再跟踪类似的项目，那我们一定会和最终审批人建立联系，让他相信我们才是他最应该选择和信任的供应商。

这个项目的丢失，就是因为最终审批人不了解我们团队的能力，对我们的技术实施能力不清楚，仅仅把我们当成众多可选的供应商之一。

所有的意外以及不可能，其实都是在合理可能的逻辑支撑下出现的。当我们认为出现了意外或不合理的时候，其实是因为我们并不清楚自己忽略了什么。

02 破釜沉舟的“无奈”

这是一个做企业销售的老朋友给我分享的他亲身经历的故事。下面以他的视角进行阐述。

我是一个比较简单直接的人，在和客户沟通的过程中，我一直都希望用真诚打动对方，不和对方搞什么花样，能做到的，我就尽量做，如果做不到，我也会直接告诉对方。

那次我谈了一个比较大的项目，金额接近千万元，这已经不是销售经理一个人的项目了，从总经理助理、销售总监、售前总监到实施总监，几乎是全公司的力量都在支持这个项目，相关的业务主管全都紧盯着这个项目，有求必应，期望着能够顺利签下来。从对方的项目经理到业务副总裁，我们都谈得都比较顺利，需求部门的老总也比较认可我们的方案，信任我们公司，我和客户的商务关系也很亲密。从竞争态势上说，我们已经把其他的竞争对手远远地抛在了后面。

就在一切都比较顺利的情况下，意外发生了，客户方负责这个项目的经理提出了一个我们无法满足的条件，在报价不变的情况下，希望我们能够免费提供三年售后服务。这几乎是不可能的，如果这样做项目实施成本太高，会影响服务质量，但他非常的坚持。我找到这个项目经理，和他聊了很久，依然没有办法说服他，他的理由是另一个供应商提出可以满足这个要求。他一再坚持必须要满足这个条件才可以继续谈下去，否则他就会支持提出这个方案的供应商。事实上，这往往是在竞争中处于劣势的供应商常用的一种手段，在明显处于竞争劣势的情况下，提出一个让首选供应商无法接受的条件，由此会让客户对首选供应商产生不满。如果从实施细节角度来分析，就会知道这种条件明显是不恰当的，会影响到整个项目的质量，但是遇到了思路不清、仅关注采购利益的采购干系人就比较麻烦了，他不会站在整体的角度看待这个事情，他会聚焦于节约成本并增加服务功能，以此来证明自己的采购能力。而这样的方式，在标准产品的采购当中会有实际的商务价值，因为标准产品很少会发生产品功能减少以及质量方面的问题，有明确的产品功能说明，所以在服务和价格上，采购方可能会要求供应商提供更多的维护服务，并将报价降到更低。

可是在非标产品的采购当中，这是非常不可取的，这种强行压低价格、扩大服务范围、增加功能的采购方式，会导致供应商在实施过程中很难保证产品质量，对于产品运行时的性能稳定性也会有一定的影响。因此，这位采购方的项目经理在这种非标产品的采购当中持有的观点，显露出他对这种采购项目的认知短板，可见他的经验是比较匮乏的。

而竞争对手也不见得能够在这样的条件下提供高质量的服务，也不一定会在这样的条件下签合同。不过，竞争对手的这个方案提出后引起了采购企业的重视，其目的就达到了，他们要做的就是让有竞争优势的我们无法顺利签单，让采购方提出各种看似合理却无法落地执行的要求，给采购过程制造障碍。

竞争对方的这种手段确实打了我们一个措手不及，这个项目几乎就没有办法再谈下去了。但是这个项目我们坚决不能丢，既然对方用了这样的手段，那么我们也可以用策略来逆转这种局面，破釜沉舟。我们找到了一种方案。我们想办法安排公司老总拜访了客户方的总裁，在一个比较合适的时机，向对方阐明了三件事：第一，从合理方案的审核中可知，我们的方案明显是最合适的，我们的价格也是合理的，可以和采购相关的负责人确认。第二，我们全公司都在努力为这个项目做准备，力争服务好这个项目。我们从长远的战略合作目标上来考虑这个项目，如果不能够保证项目质量，也就无法达成我们想进行长期合作的目标。在这样的情况下，我们会放弃这个项目，因为我们不会做一个不能保证质量的项目，影响公司的品牌形象，损害我们的客户的利益。用不合理的低价获得订单，这不是我们的方式。第三，在保证采购目标顺利达成的基础上，作为采购项目的主要负责人，必须能够站在全局的角度考虑问题，而不是只关注价格却忽视服务质量，如果一味追求低价，项目的实施质量、可能的实施延期所产生的损失是很难估计的，这应该也不符合公司采购项目的目的。

在这次拜访中，我们公司的老总仅仅是和对方总裁沟通了这三个问题，其他的都没有讲。如果对方能站在全局的角度来看待这次采购的话，那么一定会关注项目的实施质量以及服务效果，一定会调整思路，重新考虑供应商的选择。

过了两周，采购方传来了消息，他们更换了项目的负责人。

销售高手会知道什么时候应该放手，什么时候应该跟进。当然，弄巧成拙的例子也比比皆是。假如在这个案例当中，客户没有考虑得那么全面，或者不愿意调整采购负责人，那么我们就没有办法继续跟进这个项目，只能丢掉这个订单。让对方高层重视起来，发现采购过程中的问题，及时进行调整，这才是破釜沉舟手段的实施目的，如果做不到这一点，这种方式就真的可能会弄巧成拙。

03 乐极生悲

在给销售经理做能力提升培训时，有许多学员都会给我讲他们经历的销售事件和痛苦感受。其中有一个案例很有代表性，让我至今还会拿出来跟我的学员们分享（当然这是经过当事人同意的）。这件事对当事人（在这里我们称 A 君吧）来说也是印象深刻的，他称这是“成长的代价”。

作为一个“天生的”销售人员，A 君很快就从销售助理、销售经理做到了销售总监的位置。上任总监没多久，A 君就负责了一个比较大的项目，如果能签下来，对公司来说是一个跨越式的发展。A君带着销售团队经过一系列的需求调研、各种业务情景的分析，和客户的每一位采购关键决策者进行详细的沟通，对业务功能设计、应用解决方案进行了反复的讨论，最终成功地获得了竞争优势，客户选择了他们提供的服务方案。

到了商务谈判的环节，A君带领他的团队和客户一起坐在了谈判桌上，只要将最后的一些细节确认了，双方就可以进行采购订单的签审。A君所在的公司对这个项目非常有信心，甚至已经准备好了庆功的香槟和蛋糕。双方在谈判过程中还是非常谨慎的，你来我往各不相让。考虑到为了赢得这个项目，公司上上下下都已经付出了很多，A君想要尽快签下这个订单，所以他最终决定让步，同意了客户的大部分要求。在和客户方负责谈判的老总达成了一致的意见后，双方握手确认了这次合作。

在告别时，像往常的商务会议流程一样，A君和同事们依然会礼让客户，作为陪同，A君也和客户一同离开会议室。刚走出门口几步远，A君就听到会议室内响起了激动的庆祝声、鼓掌的声音，还有人喊："我们赢喽！"A君看了一眼客户的负责人赵总，刚好对方也看向了他，A君尴尬地笑了笑。

第二天，当A君他们将已经签字盖章的采购合同送到客户那里的时候，却发生了让他们意想不到的情况，客户决定推迟这个项目的订单签订。A君急忙通过客户内部人员了解具体发生了什么情况。对方告诉他，负责谈判的赵总回公司后就决定暂停这个项目，原因是他离开时听到会议室里A君的同事们发出的欢呼雀跃声，心里有了一些顾虑，认为一定是有什么地方被他忽略了。他担心方案有什么不完善或存在缺陷的地方，所以他们需要重新审视一下。在没有找到真正的原因之前，赵总不想继续执行采购，所以这个采购订单的签订就中止了。

到手的鸭子飞走了，这种痛苦的感觉只有当事人才能够感受到。A君对这件事情的印象很深，他说："事实上，我当时简直是痛不欲生。这真是乐极生悲！"